D1664351

Die schönsten und romantischsten Hotels in
Italien

EUROBOOKS ®
by Lechner

Printed in E.E.C.

ISBN 3-85049-092-0

EUROBOOKS ®
by Lechner

Mehr als 700 Hotels wurden während eines Jahres von ausgesuchten Testern in diesem Land untersucht. Die 144 Schönsten sind im vorliegenden Führer, der laufend aktualisiert wird, ausführlich beschrieben.

Kriterien bei der Auswahl waren die Lage des Hauses, die Ausstattung, das Service- und Freizeitangebot sowie, soweit vorhanden, die Küche. Wichtigstes Auswahlkriterieum war jedoch der Charme des Hotels, die Atmosphäre, in der der Gast seinen Aufenthalt verbringt.

In diesem Führer finden Sie die romantischsten Hotels des Landes, wobei es sich ebensogut um Zwei- wie auch um Fünf-Sterne-Häuser handeln kann. Die Auswahl wurde flächendeckend getroffen, so daß, egal wo Sie sich im Land befinden, immer in längstens einer Autostunde ein Hotel auf Sie wartet.

Meist handelt es sich um für die jeweilige Region besonders typische Häuser, regional bekannte Geheimtips, die gerne von der einheimischen Bevölkerung frequentiert werden.

Die Hotels werden nach Regionen geordnet einzeln präsentiert, eine ausführliche Beschreibung gibt Auskunft über Lage, Serviceangebot, Zahl der Zimmer und vieles mehr. Tierfreundliche Häuser werden ebenfalls ausgewiesen. Am Anfang des Buches finden Sie alle Hotels übersichtlich nach Regionen aufgeführt.

Dabei wurde jedoch immer mit kommentierenden Bewertungen gespart. Sie sollen selbst entdecken und sich ein Urteil bilden.

INHALT

SÜDTIROL

VENETIEN

LOMBARDEI

PIEMONT AOSTATAL

EMILIA ROMAGNA

LIGURIEN

TOSKANA

UMBRIEN

MARKEN

LATIUM ABRUZZEN

La Perla ***

I - 39033 Corvara in Badia (Bolzano)
Tel. 0471 / 836133
Telex 401685

• Geöffnet von Dezember bis Mitte April und von Juni bis September • 50 Zimmer mit Telefon, Bad, WC, TV • Zimmerpreise: L 90000/110000 (Doppel), Frühstück L 16000 • Kreditkarten: Diners Club, Visa, Eurocard • Schwimmbad, Sauna, Fitness

Etwa eine halbe Stunde von Cortina d'Ampezzo entfernt, in der vor allem von Boznern frequentierten Skiregion Corvara bietet sich dieses Haus auch im Sommer als sehr angenehmes Hotel. Viel Natur, die Dolomiten, ein grosser Swimmingpool und viel Holz in der Architektur machen den Aufenthalt sehr erholsam und entspannend.

Anreise: 67 km von Bolzano - Autobahnausfahrt Bressanone - San Lorenzo - Corvara.

Hotel Pünthof

Sternachstraße 25
I - 39022 Algund - Merano (Bolzano)

• Geöffnet von März bis November • 12 Zimmer mit Telefon, Dusche oder Bad, WC • Zimmerpreise: L 37000/82000 (1 Person), Halbpension: L 45000/ 90000 • Kreditkarten: Diners Club, Eurocard • Tennis, Schwimmbad, Sauna

Einige Kilometer außerhalb von Meran liegt dieses Hotel mitten in den Weingärten. Ein altes Bauernhaus, das mit viel Geschmack, Komfort und Tradition ausgestattet wurde. Schöner, großzügiger Swimmingpool. Liegt sehr zentral in einem sehr angenehmen, milden Klima.

Anreise: 2 km von Meran

Hotel Castel Freiberg ****

Via Labers
I - 39012 Merano (Bolzano)
Tel. 0473/44196 - Telex 401081

• Geöffnet von April bis Oktober • 35 Zimmer mit Telefon, Bad, WC (TV auf Anfrage) • Zimmerpreise: L 240000 (Doppel), Frühstück: L 18000 • Kreditkarten: American Express, Diners Club, Visa, Eurocard • Frei- und Hallenbad, Tennis, Fitness

Eine alte Burg, die auf einem Hügel oberhalb Merans gelegen ist und sowohl über Swimmingpool als auch über einen sehr schönen, eigenen Tennisplatz verfügt. Das Haus ist mit viel Geschmack und Liebe von den Eigentümern restauriert. Im Sommer in dieser sonst sehr heissen Gegend ideal zum Übernachten. Die alten Gemäuer spenden Kühle und Schatten. Extreme Ruhelage und einmalige Aussicht auf die Berglandschaft. Ideal auch für alle Italienreisenden als Zwischenstation. Liegt nur etwa 2 km von der Autobahnausfahrt Bolzano Sud.

Anreise: Ausfahrt Bolzano Sud - SS38 für Merano - Sinigo Richtung Scena - dann während 5 km Richtung Via Labers.

Hotel Villa Mozart ****

Via San Marco, 26
I - 39012 Merano (Bolzano)
Tel. 0473/306 30

• Geöffnet von Ostern bis November • 10 Zimmer mit Telefon, Bad, WC, TV, Minibar • Zimmerpreise: L 111000, Frühstück: L 22000 • Kreditkarten: Visa, Master Card, Eurocard, American Express • Frei- und Hallenbad, Sauna, Solarium

Eine Jahrhundertwende-Jugendstilvilla, die man als das Jugendstil-Museum dieser Region bezeichnen könnte. Selbst die Möbel sind reinster Jugendstil, oft sehr wertvolle Stücke. Der Eigentümer und Manager, Andreas Hellrigl, ist einer der bekanntesten Köche dieser Region und hat sich auf die Fortführung der bodenständigen Küchentradition spezialisiert. Ausgezeichnete Weine und ein Swimmingpool in weißem Marmor.

Anreise: über die via Roma in die via San Marco.

Hotel Schloß Rundegg ****

Schennastraße
I - 39019 Merano
Tel. 0473/34364

• Ganzes Jahr geöffnet • Zimmer mit Safe, Minibar, Telefon, Radio, TV • Zimmerpreise: L 55000 (Einzel), L 98000 (Doppel) • Hallenbad, Sauna, Solarium

Fürstlicher Urlaub zu allen Jahreszeiten im romantischen Schloß: Dieser Traum erfüllt sich in einmalig schöner, ruhiger Lage im „Hotel Schloß Rundegg". Das Haus ist stilvoll adaptiert und bietet eine internationale Küche mit regionalen Spezialitäten.

Anreise: Autobahn-Ausfahrt Bozen Süd - Meran

Castel Labers ***

I - 39012 Merano (Bolzano)
Tel. 0473/344 84
Telefax 0473/341 46

• Geöffnet von April bis Oktober • 34 Zimmer mit Telefon, Badezimmer, WC • Zimmerpreise: L 80000/90000 (Einzel), L 140000/160000 (Doppel) Frühstück inbegriffen • Kreditkarten: Master Card, Diners Club, American Express, Visa, Eurocard • Hunde erlaubt (mit Zuschlag) • Tennis, Schwimmbad

Ein altes Schloß aus dem 11. Jahrhundert, das von Weinbergen umgeben auf einem kleinen Hügel liegt. Halle und Eingang sind mit Antiquitäten möbiliert und geben dem Haus viel Charme und Ambiente. Die Zimmer sind sauber und angenehm. Sehr guter Wein aus eigenem Anbau. Für Musikliebhaber: Der Eigentümer organisiert, als passionierter Musikkenner, immer wieder Hausmusik für die Gäste.

Anreise: Ausfahrt Bolzano Sud - SS38 für Merano - Sinigo Richtung Scena - dann Richtung Via Labers.

Kurhotel Palace ****

Via Cavour, 2/4
I - 39012 Merano (Bolzano)
Tel. 0473/347 34
Telefax 0473/ 341 81 - Telex 400 256

• Geöffnet von Mitte März bis Mitte November, sowie an Weihnachten und Neujahr • 120 Zimmer mit Telefon, Bad, WC, TV, Minibar • Zimmerpreise: L 120000/175000 (Einzel), L 200000/300000 (Doppel) Frühstück inbegriffen • Kreditkarten: American Express, Diners Club, Eurocard, Access, Master Card • Hunde erlaubt (mit Zuschlag) • Frei- und Hallenbad, Sauna, Ästhetik-Zentrum

Das Kurhotel Palace war einst glanzvoller Treffpunkt der noblen Gesellschaft und des europäischen Hochadels. Eines der großen, alten Kurhotels mit einer imposanten Halle, eleganten Salons, und auch mit einem Service aus einer anderen Epoche. Sehr professionnel geführt. Eleganter und sehr gepflegter Park mit einem wunderschönen Schwimmbad, sowohl im Freien als auch in der Halle. Sehr luxuriös, ruhig und voll Nostalgie.

Anreise: In der Nähe der Kirche San Spirito

Hotel Schloß Korb ****

I - 39050 Missiano-Appiano (Bolzano)
Tel. 0471/63 32 22

• Geöffnet von April bis November • 56 Zimmer mit Telefon, Bad • Zimmerpreise: L 75000 Frühstück inbegriffen • Hunde erlaubt • Frei- und Hallenbad, Sauna, Tennis

Oberhalb Bozens gelegen, ist Schloß Korb eine Art Institution für alle Bozner, sehr beliebt für Hochzeiten und Familienfeste. Das Interieur ist leicht kitschig und mit folkloristischen Elementen geschmückt.

Anreise: 32 km von Merano - 10 km von Bolzano - Strada del vino - Richtung Appiano - San Pablo d'Appiano.

Hotel Goldenes Rössl —
Cavallino d'Oro ***

I - 39040 Kastelruth
Tel. 0471/706 337
Telefax 0471/701 172

• Geöffnet von Anfang Dezember bis Anfang November •
25 Zimmer • Zimmerpreise: L 50000 - 80000 • Kreditkarten:
Diners Club, Eurocard, Visa, Master Card • Hunde erlaubt •
private Skischule, TV-Zimmer

Das „Hotel Cavallino d'Oro" oder auf deutsch „Hotel Gol-
denes Rössl" ist ein typisches, altes, Südtiroler Familienhotel, das in einem romantischen Bauerndorf in der Dolomi-
tenregion liegt. Sehr ursprünglich, romantisch und mit viel
Atmosphäre. Alte Bauernstuben und holzgetäfelte Zimmer.

Anreise: 22 km von Bozen

Hotel Villa Mabapa ****

Riviera San Nicolo, 16 - Lido
I - 30126 Venedig
Tel. 041/5260590
Telefax 041/5269441 - Telex 410357

• Ganzes Jahr geöffnet • 64 Zimmer mit Telefon, TV, Radio, Klimaanlage • Zimmerpreise: L 80000/14000 (Einzel) L150000/ 23000, Frühstück inbegriffen • Kreditkarten: American Express, Diners Club, Eurocard, Visa • Hunde erlaubt

In exklusiver und ruhiger Lage in der Lagune in unmittelbarer Strandnähe befindet sich das „Hotel Villa Mabapa" inmitten eines großen, grünen Gartens. Im Sommer ißt man im Freien. Das Hotel sieht aus wie ein privates Familien haus und bietet eine ähnlich private Atmosphäre. Der Service ist sehr zuvorkommend.

Anreise: am Lido von Venedig gelegen - mit dem Boot erreichbar

Hotel San Stefano **

San Marco, 2957
I - 30124 Venedig
Tel. 041/5200166
Telefax 5224460

• Geöffnet von Mitte März bis Mitte Februar • 11 Zimmer mit Telefon, Bad, WC, Minibar, TV, Klimaanlage • Zimmerpreise: L 75000/135000 (Einzel), L 125000/180000 (Doppel) Frühstück inbegriffen • Kreditkarten: Eurocard, Visa, Mastercard

Das „Hotel San Stefano" liegt im Herzen von Venedig an einem großen Platz. Zum berühmten Markusplatz sind es nur wenige Gehminuten, ebenso zum Rialto. Das Hotel ist im typischen, venezianischen Stil erbaut und einfach und familiär geführt.

Anreise: im Zentrum von Venedig

Hotel Agli Alboretti ***

Accademia 884
I - 30123 Venedig
Tel. 041/5230058

• Ganzes Jahr geöffnet • 19 Zimmer mit Bad oder Dusche, WC, Telefon • Zimmerpreise: L 84000 (Einzel), L 116000 (Doppel) Frühstück inbegriffen • Kreditkarten: Eurocard, Visa, American Express • TV-Zimmer

Das „Hotel Agli Alboretti" liegt im Herzen Venedigs, neben der berühmten Gemäldesammlung der Accademia, nur wenige Minuten vom Markusplatz entfernt. In typisch venezianischer Atmosphäre bietet das Hotel gut ausgestattete, sehr ruhige Zimmer mit Dusche und Bad. Sehr sauber und ordentlich.

Anreise: im Zentrum von Venedig

Hotel La Fenice et des Artistes ***

San Marco 1936
I - 30124 Venedig
Tel. 041/5232333 oder 041/5226403
Telefax 5203721 - Telex 411150

• Ganzes Jahr geöffnet • 64 Zimmer mit Bad oder Dusche, WC, Telefon (Klimaanlage und TV auf Anfrage) • Zimmerpreise: L 100000 (Doppel) Frühstück inbegriffen • Kreditkarten: Eurocard, Visa • TV-Zimmer

Das „Hotel La Fenice et des Artistes" liegt etwa 5 Gehminuten vom Markusplatz mitten im alten Venedig. Ein einfaches, aber sehr romantisches Hotel, das vor allem von Künstlern frequentiert wird. Die Zimmer sind einfach, haben aber viel Atmosphäre.

Anreise: im Zentrum von Venedig

Hotel Menardi

**Via Majon 110
I - 32043 Cortina d'Ampezzo
Tel. 0436/2400 + 2480
Telefax 0436/862183 - Telex 440066**

• Geöffnet von Dezember bis Mitte April und Juni bis September • 48 Zimmer • Zimmerpreise: Hochsaison: L 110000 Frühstück inbegriffen, L 140000 (Halbpension), L 150000 (Vollpension), Nachtsaison: L 55000 Frühstück inbegriffen, L 75000 (Halbpension), L 90000 (Vollpension) • Kreditkarten: Eurocard, Visa

Ein altes Haus, eine Familie. Wirtshaus, Stall, Scheune, Pferdewechsel unterwegs zwischen Habsburgerreich und Königreich Italien. Heute dasselbe Haus, dieselbe Familie, dieselbe Schlichtheit, viel Grün und die Echtheit der Dolomiten, die dieses gemütliche Haus umgeben. Wunderschöner, sehr gepflegter Rasen.

Anreise: 133 km von Trevisa - 131 km von Bolzano

Due Torri Hotel Baglioni *****

Piazza Santa Anastasia 4
I - 37121 Verona
Tel. 045/595044
Telefax 045/8004130 - Telex 480524

• Ganzes Jahr geöffnet • 96 Zimmer mit Bad, Telefon, TV, Minibar • Zimmerpreise: L 230000/295000 (Einzel), L 360000/470000 (Doppel) • Kreditkarten: Diners Club, Visa, Eurocard, American Express • Hunde erlaubt

Ein sehr elegantes und sehr teures 5-Sterne-Hotel, das das erste Haus in Verona ist. Alle Zimmer sind voll klimatisiert und sehr elegant und geschmackvoll eingerichtet. Die Fenster gehen direkt auf die Kirche „Santa Anastasia" hinaus, sowie auf die andern großen Monumente des Stadtzentrums.

Anreise: im Zentrum von Verona

Hotel Villa Quaranta Park Hotel ★★★★

Via Ospedaletto
I - 37026 Ospedaletto di Pescantina (Verona)
Tel. 045/7156211
Telefax 045/7156315 - Telex 434358

• Ganzes Jahr geöffnet • 43 Zimmer • L 125000 (Einzel), L 180000 (Doppel), L 250000 (Suite) • Kreditkarten: Diners Club, Eurocard, Visa, American Express • Tennis, Schwimmbad, Sauna

Eine traumhafte Herrschaftsvilla aus dem 17. Jahrhundert mit einem großzügigen Englischen Garten und einer imposanten Zufahrt. Verfügt über ein eigenes Clubhaus mit Schwimmbad und zwei Tennisplätzen. Alles in allem ein romantisches, malerisches Kulturdenkmal.

Anreise: 20 km von Verona gelegen - Autobahn A4, Ausfahrt Verona Nord, Superstrada 9 km, 1 km Richtung Trento.

Excelsior Hotel Gallia *****

Piazza Duca d'Aosta 9
I - 20124 Milano
Tel. 02/6277
Telex 311160

• Ganzes Jahr geöffnet • 266 Zimmer mit Telefon, Bad, WC, Fernseher, Minibar • Zimmerpreis: L 225 000/320 000 (Einzel), L 310 000/430 000 (Doppel), Frühstück: L 15 000 • Kreditkarten: Visa, American Express, Diners, Eurocard • Fitness

Das „Excelsior Hotel Gallia" ist ein Mailänder Traditions-Hotel, das ursprünglich im Stil der Bauwerke der Jahrhundertwende erbaut wurde. Die Zimmer sind alle neu renoviert und im Gegensatz zur Archtektur sehr modern. Liegt direkt gegenüber vom Hauptbahnhof. Ist für die zentrale Lage relativ ruhig. Verfügt über sehr große Salons, in denen ständig Konferenzen, Bälle und Empfänge stattfinden.

Anreise: Gegenüber dem Bahnhof

Castello di Pomerio *****

Via Como 5
I - 22100 Pomerio d'Erba (Como)
Tel. 031/62 75 16 - Fax 31 62 82 45
Telex 380463

• Ganzes Jahr geöffnet • 58 Zimmer mit Telefon, Bad, WC •
Zimmerpreis: L 190 000 (Einzel), L 250 000 (Doppel), L 280 000/
330 00 (Suite) mit Frühstück • Kreditkarten: Visa, Diners
Club, American Express, Eurocard • Hunde erlaubt, Pool,
Tennisplatz, Sauna, Kosmetiksalon

Ein modern renoviertes Luxus-Hotel, das in einem alten
Schloß mit Park untergebracht ist. Eine einzigartige Verbindung von moderner Gastronomie und altem, charmantem
Ambiente. Sauna, Hallenbad, Tennis und Swimmingpool
machen den Aufenthalt angenehm. Die Küche bietet internationale Spezialitäten.

Anreise: 14 km von Como, A 9, Ausfahrt Como, S 639,
Ausfahrt Erba

Grand Hotel Victoria ****

Lago di Como
I - 22017 Menaggio (Como)
Tel. 0344/32 003 - Fax 344 32 992
Telex 324884

• Ganzes Jahr geöffnet • 53 Zimmer mit Telefon, Bad, WC • Zimmerpreis: L 80 000 (Einzel), L 160 000 (Doppel), Frühstück: L 18 000, Halbpension: L 140 000, Vollpension: L 175 000 (Min. 3 Tage) • Kreditkarten: American Express, Diners Club, Visa, Eurocard • Hunde erlaubt, Pool, Tennisplatz, Golfplatz

Ein altes Grand Hotel, das noch vor der Jahrhundertwende erbaut wurde. Umgeben von einem großen Park und direkt am Seeufer gelegen, bietet dieses Hotel alles, was man von einem Haus dieser Kategorie erwartet. Ein elegantes Hotel mit viel Charme und dem Flair der alten Zeit.

Anreise: 35 km von Como

Grand Hotel Villa Serbelloni *****

**Lago di Como
I - 22021 Bellagio (Como)
Tel. 031/94 02 16 - Telex 380330**

• Geöffnet vom 15. April bis 15. Oktober • 95 Zimmer mit Telefon, Bad, WC • Zimmerpreis: L 330 000 mit Frühstück, Halbpension: L 205 000, Vollpension: L 245 000 (Min. 3 Tage) • Kreditkarten: Visa, Diners Club, American Express, Mastercard, Access • Hunde erlaubt, Pool, Tennisplatz, Anlegestelle, Wassersport

Das romantischste und schönste Hotel am Comer See. Trotz aller alten Eleganz romantisch und sehr gemütlich. Große Parkanlage entlang des Seeufers und schöner Swimmingpool. Dominiert die Halbinsel Bellagio. Fast alle Zimmer sind zum See gelegen.

Anreise: Am Comersee, 31 km von Como

Villa Simplicitas e Solferino

I - 22028 San Fedele d'Intelvi (Como)
Tel. 031/83 11 32

• Ganzes Jahr geöffnet • 10 Zimmer mit Bad, WC • Zimmer-
preis: L 136 000 mit Frühstück, Halbpension: L 92 000,
Vollpension: L 126 000 (Min. 3 Tage) • Hunde erlaubt, Pool,
Tennisplatz, Reitpferde

Die „Villa Simplicitas e Solferino" liegt sehr ruhig in einem
großen Garten mit einer wunderbaren Aussicht auf das Tal
und den See. Die Küche ist ausgezeichnet und der Service
sehr gut. Der ganze Besitz ist fast 100 Hektar groß. Für
Pferdeliebhaber stehen Pferde zur Verfügung.

Anreise: 30 km von Como, St 340 Richtung Cernobbio bis
Argegno, Richtung San Fedele d'Intelvi

Hotel Cannero ***

I - 28051 Cannero Riviera/Lago Maggiore
Tel. 0323/788046/788113
Telefax 788048 - Telex 200285

• Geöffnet von April bis Oktober • 36 Zimmer (8 mit TV) mit Bad, WC, Telefon • Zimmerpreise: L 90000/100000 • Kredit-karten: American Express, Diners Club, Eurocard, Visa • Hunde erlaubt • Schwimmbad, Tennis, Solarium, Tischten-nis

Ein charmantes Hotel direkt am See in einem malerischen Dorf, das alles Typische der vergangenen Zeit in sich ver-eint. Eine Dach-Sonnenterrasse mit einem gemütlichen Swimmingpool und einer prachtvollen Aussicht auf den See. Cannero ist ideal für Gäste, die Urlaub in malerischer Umgebung und einer Atmosphäre aus einer anderen Zeit lieben.

Anreise: Autobahn Milano-Novara - Lago Maggiore

Albergo Agnello d'Oro **

Via Gombito 22
I - 24100 Bergamo
Tel. 035/24 98 83 - Fax 35 23 56 12

• Ganzes Jahr geöffnet • 20 Zimmer mit Telefon, Bad, WC •
Zimmerpreis: L 24 000 (Einzel), L 48 000 (Doppel),
Frühstück: L 9 000 • Kreditkarten: American Express, Visa,
Diners Club, Mastercard, Carta Si, Eurocard, Access

Im Herzen Bergamos gelegen, vermittelt dieses Hotel den
Charme eines italienischen Landgasthauses. Der Eigentümer begrüßt die Gäste persönlich und ist allgegenwärtig.
Die Zimmer sind etwas kitschig, aber angenehm. Die Preise
sind vernünftig. In der Nacht hört man bei offenem Fenster
das Plätschern des Springbrunnens vor dem Haus. Die
Küche ist bekannt für hausgemachte Nudeln.

Anreise: A 4, Ausfahrt Bergamo

Castello di San Gaudenzio ★★★★

I - 27050 Cervesina - Voghera (Pavia)
Tel. 0383/750 25 - Fax 383 75 025
Telex 311399

• Ganzes Jahr geöffnet • 12 Zimmer mit Telefon, Bad, WC •
Zimmerpreise: L 50 000/100 000, L 150 000/175 000
(Suite), Frühstück: L 10 000, Halbpension: L 145 000, Voll-
pension: L 165 000 (Min. 3 Tage) • Kreditkarten akzeptiert

Ein Schloß, das im 14. Jahrhundert vom Visconti di Milano
erbaut wurde und auch noch heute wie der private Wohn-
sitz einer Adelsfamilie wirkt. Die Zimmer sind mit authenti-
schen Antiquitäten und Originalgemälden möbiliert. Man
fühlt sich in eine andere Zeit versetzt. Der ganze Bau ist als
Vierkant-Haus errichtet, mit einem romantischen, mit wil-
dem Wein bewachsenen Innenhof. Besonders gemütlich ist
die Bibliothek mit einem offenen Kamin.

Anreise: A 7, Ausfahrt Voghera Richtung Cervesina, San
Gaudenzio

Grand Hotel Fasano ****

Lago di Garda
I - 25083 Gardone Riviera (Brescia)
Tel. 0365/21 051 - Fax 365 21 054

• Geöffnet von Mai bis September • 75 Zimmer mit Telefon, Bad, WC • Zimmerpreis: L 71 400/91 300, Frühstück: L 22 000, Halbpension: L 109 000/218 000, Vollpension: L 136 000/272 000 • Hunde erlaubt, Pool, Tennisplatz

Das „Grand Hotel Fasano" diente als Jagdhaus der kaiserlichen Familie von Österreich und liegt in einem großen, sehr schön gepflegten Park mit Swimmingpool.

Anreise: Am Gardasee, 34 km von Brescia, S 45, Salo, Straße vom Westufer des Gardasees, 2 km von Gardone Riviera

Villa Cortine Palace Hotel *****

Via Grotte 12 - Lago di Garda
I - 25019 Sirmione (Brescia)
Tel. 030/91 60 21 - Fax 30 91 63 90
Telex 300171

• Geöffnet von April bis Oktober • 53 Zimmer mit Telefon, Bad, WC • Zimmerpreis: L 155 000 (Einzel), L 310 000/340 000 mit Frühstück, Halbpension: L 210 000/260 000, Vollpension: L 250 000/300 000 (Min. 3 Tage) • Kreditkarten: American Express, Visa, Diners Club, Eurocard, Mastercard • Hunde erlaubt, Pool, Tennisplatz, Badestrand

Das „Villa Cortine Palace Hotel" liegt auf der Halbinsel Sirmione, einem der schönsten Plätze am Gardasee. In einem klassizistischen Haus, ähnlich einem römischen Tempel, untergebracht, vermittelt dieses Hotel mit seinem prachtvollen Garten mit Zypressen und Palmen ein besonderes Ambiente und viel Romantik. Der Service ist gut. Außer dem hauseigenen Swimmingpool, bietet man den Gästen einen eigenen Privatstrand am See.

Anreise: Autobahn Milano/Venezia, Ausfahrt Sirmione, S 11

Hotel Baia d'Oro ***

Lago di Garda
I - 25084 Gargnano (Brescia)
Tel. 0365/71 171
Fax 365 72 568

• Geöffnet von März bis Oktober • 12 Zimmer mit Telefon, Dusche, WC, Fernseher, Minibar • Zimmerpreis: L 84 000 (Doppel), Frühstück: L 10 000, Halbpension: L 105 000 (Min. 3 Tage) • Kreditkarten: American Express, Visa, Eurocard, Mastercard, Access, Carta Si • Parkgarage (L 10 000 pro Tag)

Das „Hotel Baia d'Oro" ist unser Geheimtip am Gardasee. Ein altes Fischerhaus, das direkt am Seeufer liegt mit einer gemütlichen Terrasse, die als Restaurant dient. Die Zimmer sind angenehm, wenn auch einfach. Verlangen Sie ein Zimmer mit Balkon zur Seeseite.

Anreise: 46 km von Brescia, S 45, Salo, Gargnano

Albergo Ristorante del Sole ****

Lago Maggiore
I - 21020 Ranco (Varese)
Tel. 0331/97 65 07
Fax 331 97 66 20

• Geöffnet vom 14. Februar bis 31. Dezember • 8 Wohnungen mit Telefon, Bad • Wohnungspreis: L 200 000 mit Frühstück, Halbpension: L 170 000 • Kreditkarten: American Express, Diners Club, Visa, Carta Si

Das Albergo Ristorante Del Sol ist ein familiär geführtes Haus, das sehr ruhig an einer besonders schönen Stelle am See liegt. Man findet hier neben einer ausgezeichneten Küche die besten italienischen und französischen Weine. Neben der Aussicht auf den See vermitteln die blumengeschmückten Gärten und das viele Grün rund um das Haus eine besonders angenehme Atmosphäre.

Anreise: 67 km von Milano, A 8 Sesto Calende, Angera Ranco

Villa Sassi-Toula

Strada Traforo del Pino 47
I - 10132 Torino Sassi
Tel. 011/89 05 56 - Fax 89 00 95
Telex 225437

• Geöffnet von September bis Juli • 17 Zimmer mit Telefon, Bad, WC • Zimmerpreis: L 220 000 (Einzel), L 310 000 (Doppel), Frühstück: L 20 000, Halbpension: L 340 000, Vollpension: L 380 000 (Min. 3 Tage) • Kreditkarten: Visa, Eurocard, Diners Club, American Express • Parking

Die „Villa Sassi-Toula" liegt wunderschön und ruhig in einem mehrere Hektar großen Park, umgeben von Wald. Mit dem Auto von Turin etwa nur 15 Minuten entfernt. Das Restaurant wird von Turinern stark frequentiert. Ausgezeichnete Küche und sehr guter Service.

Anreise: A 4, A 21, A 5, Ausfahrt Turin West, den Angaben nach Pino Torinese oder Chieri folgen

Il Capricorno ****

Le Clotes
I - 10050 Sauze d'Oulx (Torino)
Tel. 0122/85 273

• *Geöffnet vom 1. Dezember bis 1. Mai/9. Juni bis September • 8 Zimmer mit Telefon, Bad, WC • Zimmerpreis: L 140 000 (Doppel), Frühstück: L 15 000, Halbpension: L 125 000, Vollpension: L 140 000 (Min. 3 Tage)*

Das „Il Capricorno" liegt auf 1500 m Seehöhe und ist ähnlich dem Stil einer Skihütte sehr rustikal und alpin gehalten. Die Zimmer sind angenehm. Das „Capricorno" ist ideal für alle Sport- und Wintersportbegeisterten.

Anreise: 60 km von Turin, 30 km von Briançon

Principi di Piemonte ****

I - 10058 Sestrière (Torino)
Tel. 0122/79 41
Fax 70 270

• Geöffnet vom 23. Dezember bis 15. April • 94 Zimmer mit Telefon, Bad, WC, Fernseher, Minibar • Zimmerpreis: L 240 000/ 360 000 (Doppel) mit Frühstück, Halbpension: L 130 000/ 210 000, Vollpension: L 150 000/255 000 (Min. 3 Tage) • Kreditkarten: American Express, Diners Club, Visa, Bank Americard • Hunde erlaubt, Pool, Sauna, Diskothek, Friseur

Ein Neubau, der dem Stil eines alten Schlößchen nachempfunden ist. Für alle, die sportliche Ferien im gediegenen Standard verbringen wollen. Das Haus bietet eine vergleichbare Atmosphäre mit dem Palace in Gstaad oder den nostalgischen Hotels in St. Moritz.

Anreise: 32 km von Briançon über den Paß Montgenèvre, 93 km von Turin

Palace Bron ****

Plan Gorret
I - 11013 Courmayeur (Aosta)
Tel. 0165/84 25 45 - Fax 84 40 15

• *Geöffnet von Dezember bis April/Ende Juni bis 15. September* • *27 Zimmer mit Telefon, Bad, WC* • *Zimmerpreis: L 160 000/230 000 (Doppel), Frühstück: L 18 000* • *Kreditkarten: American Express, Diners Club, Visa*

Das „Palace Bron" ist ein gutes 4-Sterne-Hotel im Aostatal. Liegt im Zentrum des Skisport-Ortes Courmayeur mit Blick auf den Mont Blanc und das imposante BergpanoramA dieser Region. Empfiehlt sich vor allem für Ski- und Wintersportbegeisterte.

Anreise: 24 km von Chamonix, durch den Mont-Blanc-Tunnel, 53 km von Aosta

La Grange ***

Casella Postale 75
I - Entrèves-Courmayeur
Tel. 0165/89 316

• Geöffnet von Dezember bis 25. April/Juli bis September •
27 Zimmer mit Telefon, Bad, WC, Minibar • Zimmerpreis:
L 71 000/81 000, Frühstück: L 10 000 • Kreditkarten akzep-
tiert • Hunde erlaubt

Das Hotel „La Grange" ist aus alten Natur- und Backsteinen
im Chalet-Stil errichtet. Ein sehr rustikales Hotel, das sich
vor allem für alle Wintersportfreunde empfiehlt, die die gute
Lage in Courmayeur in der Nähe des Mont-Blanc-Skigebie-
tes zu schätzen wissen. Das Haus verfügt über kein eigenes Restaurant.

Anreise: 24 km von Chamonix, 38 km von Aosta

Hotel Bellevue ****

Rue Grand Paradis, 20
I - 11012 Cogne (Aosta)
Tel. 0165/74 825 - Telefax 0165/74 91 92

• Geöffnet vom 22 Dezember bis 17. April/Juni bis September • 45 Zimmer und 4 Chalets mit Telefon, Dusche, WC • Zimmerpreis: L 60 000/70 000 (Doppel), Frühstück: L 12 000, Halbpension: L 80 000/135 000, Vollpension: L 90 000/150 000 (Min. 3 Tage) • Kreditkarten: Visa • Hunde erlaubt, Hallenbad, türkisches Bad, Sauna, Fitness, Parking

Das „Hotel Bellevue" ist ein großes, modernes Hotel, das zu den Besten im Aostatal zählt. Das „Bellevue" wird vor allem von Franzosen und Italienern zum Wintersport frequentiert. Ein ordentliches Hotel, das im großen und ganzen seiner Kategorie entspricht. Die Küche bietet bodenständige Spezialitäten.

Anreise: 27 km von Aosta

Hotel Mignon **

I - 11021 Cervinia (Aosta)
Tel. 0166/94 83 24

• Geöffnet vom 1. November bis 15. Mai/1. Juli bis 15. September • 18 Zimmer mit Telefon, Bad, WC • Zimmerpreis: L 80 000 (Doppel) mit Frühstück, Halbpension: L 65 000, Vollpension: L 80 000 (Min. 3 Tage) • Kreditkarten: Visa, Mastercard • Hunde erlaubt

Das „Hotel Mignon" ist ein rustikales, kleines Haus mit 18 Zimmern und holzgetäfelten Stuben. Ein familienbetriebenes Haus mit viel Charme und Ambiente. Zum Frühstück gibt es hausgemachte Marmelade.

Anreise: 53 km von Aosta

Les Neiges d'Antan ***

I - 11021 Cervinia (Aosta)
Tel. 0166/94 87 75/94 88 52

• Geöffnet vom 4. Dezember bis 1. Mai/Anfang Juli bis Mitte September • 28 Zimmer mit Telefon, Bad, WC, Safe • Zimmerpreis: L 80 000 (Doppel), Frühstück: L 10 000, Halbpension: L 80 000, Vollpension: L 90 000 (Min. 3 Tage) • Kreditkarten: Visa • Hunde erlaubt

Das „Les Neiges d'Antan" liegt in Cervinia, einem charmanten Wintersportort im Aostatal. Das Ambiente ist sehr rustikal, mit offenem Kamin und dunklen Holzdecken. Die Küche ist sehr gut und bodenständig. Ein einfaches Haus mit viel ländlichem Charme.

Anreise: 53 km von Aosta, 4 km vor Cervinia

Locanda La Clusaz

I - 11010 La Clusaz-Gignod (Aosta)
Tel. 0165/56 075

• Ganzes Jahr geöffnet außer 2 Wochen im Juni und Oktober • 12 Zimmer (2 mit Bad, 10 mit Dusche • Zimmerpreis: L 50 000/63 000 (Doppel), Frühstück: L 5 000, Halbpension: L 60 000 (Min. 3 Tage) • Hunde erlaubt

Ganz in der Nähe der Schweizer und französischen Grenze liegt die „Locanda La Clusaz", ein einfaches und rustikales Haus mit nur 12 Zimmern. Verlangen Sie ein Zimmer mit Bad, die meisten Zimmer haben nur Dusche. Die zur Straße gelegenen Zimmer haben zwar Lärmschutz-Fenster, sind aber nicht sehr ruhig. Dieser Platz empfiehlt sich als gut gelegener, einfacher Reisestop.

Anreise: 12 km von Aosta, 18 km auf der Großer Sankt Bernhard Straße Richtung Schweizer Grenze

Hotel San Rocco *****

Via Gippini 11
I - 28016 Orta San Giulio (Novara)
Tel. 0322/90 56 32 - Telex 223342

• Ganzes Jahr geöffnet • 74 Zimmer mit Telefon, Bad, WC, Fernseher • Zimmerpreis: L 174 000/202 000 (Doppel), Frühstück: L 19 000, Halbpension: L 160 000/205 000, Vollpension: L 190 000/240 000 • Kreditkarten: American Express, Diners Club, Visa, Eurocard • Pool, Motorbootfahrten auf die Insel San Giulio

Ein sehr charmantes 5-Sterne-Hotel, das am Ufer eines Sees gelegen ist. Von der Terrasse genießt man eine schöne Aussicht über den See. Die Zimmer sind modern und sehr angenehm. Der Service ist professionell und von hohem Standard.

Anreise: 84 km von Milano, 30 km von Stresa

Hotel Pironi **

Via Marconi 35
I - 28052 Cannobbio (Novara)
Tel. 0323/70 624

• Ganzes Jahr geöffnet außer 2 Wochen im November und Januar • 10 Zimmer mit Telefon, Bad, WC • Zimmerpreis: L 90 000 (Doppel) mit Frühstück, Halbpension: L 80 000 (Min. 3 Tage) • Hunde erlaubt

Das „Hotel Pironi" liegt in der Altstadt von Cannobio, einem kleinen Dorf mit viel Charme. Das Haus selbst ist ein altes Palais aus dem 16. Jahrhundert. Die Zimmer sind angenehm renoviert, der Service zuvorkommend und persönlich. Ein charmantes Hotel mit familiärer Atmosphäre.

Anreise: 18 km von Locarno, A 8, Ausfahrt Sesto Galende, S 33, S 34 dem Lago Maggiore entlang, A 4, Ausfahrt Novara, S 32 Richtung Stresa

Hotel Verbano ***

Isola dei Pescatori-Isole Borromee
I - 28049 Stresa (Novara)
Tel. 0323/30 408 - Telex 20026

• Ganzes Jahr geöffnet • 12 Zimmer mit Telefon, Bad, WC •
Zimmerpreis: L 130 000 mit Frühstück, Halbpension:
L 90 000, Vollpension: L 120 000 • Kreditkarten: Visa,
Diners Club, American Express, eurocard • Hunde erlaubt

Das „Hotel Verbano" liegt auf der kleinen Insel Borromee im
Lago Maggiore. Die Insel ist nur mit dem Boot erreichbar.
Allein schon durch die Lage ein unheimlich romantisches
und besonderes Hotel. Reservieren Sie rechtzeitig, da das
„Verbano" nur über insgesamt 12 Zimmer verfügt. Das Re-
staurant bietet gute italienische Küche mit Fisch- und Nu-
del-Spezialitäten. Im Sommer ißt man auf der Terrasse mit
Blick über den See. Ein echtes, kleines Traumhotel.

Anreise: S 33, Boot von Stresa oder Pallanza nach Isola
dei Pescatori

Locanda del Sant'Uffizio ****

I - 14030 Cioccaro di Penango (Asti)
Tel. 0141/91 271
Fax 91 60 68

• Ganzes Jahr geöffnet • 31 Zimmer mit Telefon, Bad, WC,
Fernseher, Minibar • Kreditkarten: American Express,
Eurocard, Diners Club • Hunde erlaubt, Pool, Tennisplatz

Das Hotel „Locanda del Sant'Uffizio" liegt wunderschön
mitten in den Weingärten, umgeben von Bäumen und viel
Grün. Das Haus ist ein altes Kloster aus dem 15. Jahrhundert mit einer kleinen Kapelle und mit angenehmen Zimmern. Absolute Ruhelage sowie viel Charme und Atmosphäre machen dieses Haus sehr empfehlenswert.

Anreise: Autobahn von Aosto Ausfahrt Vercelli, von Turin
Ausfahrt Asti, 21 km von Asti

Hotel Orologio **

Via IV Novembre 10
I - 40124 Bologna
Tel. 051/23 12 53 - Fax 51 22 47 33
Telex 224657

• Ganzes Jahr geöffnet • 32 Zimmer mit Telefon (28 mit Dusche, WC) • Zimmerpreis: L 72 000 (Einzel), L 114 000 (Doppel) mit Frühstück • Kreditkarten akzeptiert, Hunde erlaubt, Parking

Ein kleines Hotel, das nicht luxuriös, aber sauber und ordentlich ist. Unsere Empfehlung für alle, die in dieser speziell zur Messezeit völlig überfüllten Stadt sonst keine Zimmer finden.

Anreise: A 1, Ausfahrt 7 (fiera), Porta S. Felice, Via Ugo Bassi, Via Testoni, Via Portanuova, Via Fusari

Hotel Villa Bolis

Via Corriera 5
I - 48100 Barbiano di Cotignola-Lugo (Ravenna)
Tel. 0545/78 630

• Ganzes Jahr geöffnet • 11 Zimmer mit Telefon, Bad, WC •
Zimmerpreis: L 49 000 (Einzel), L 78 000 (Doppel), Früh-
stück: L 7 000 • Kreditkarten: Diners Club, American Ex-
press • Pool (zahlend), Tennisplatz

Eine Villa, die im „Kolonialstil" gehalten ist. Liegt angenehm
und einsam auf dem Land. Die alte Architektur ist gut
restauriert. Man ißt auf einer überdachten Terrasse im
Schatten. Die Farben sind sehr stilvoll aufeinander abgestimmt. Gemütliche, aber professionell diskrete Atmosphäre.

Anreise: S 253, Ausfahrt Lugo, A 14, Ausfahrt Cotignola,
Richtung Lugo

Albergo Ristorante Gigiole *****

I - 48013 Brisighella (Ravenna)
Tel. 0546/81 209

• Ganzes Jahr geöffnet, außer Februar und 2 Wochen im Juli • 15 Zimmer mit Telefon, Bad, WC • Zimmerpreis: L 49 000 (Doppel), Frühstück: L 6 000, Halbpension: L 38 000, Vollpension: L 46 000 (Min. 3 Tage) • Kreditkarten: American Express, Diners Club, Visa • Hunde erlaubt

Ein altes Gebäude im Dorfzentrum, das auf einer Seite an der Straße und auf der anderen zum sehr ruhigen Park Villa Fergnoni hin liegt. Man könnte das Haus auf den ersten Blick für ein kleines Dorfgasthaus halten, aber sowohl Standard (erstklassige Badezimmer) als auch die Küche und der Service überzeugen sofort.

Anreise: 13 km von Faenza, A 14 oder S 9, Ausfahrt Faenza, S 302 Richtung Brisighella

Villa Gaidello Club

I - 41013 Castelfranco Emilia (Modena)
Tel. 059/92 68 06

• Geöffnet von September bis Juli • 3 Wohnungen mit Bad, WC • Wohnungspreis: L 95 000/190 000, Frühstück: L 6 000 • Park

Ein Geheimtip, der in erster Linie von einheimischen Italienern frequentiert wird, sehr klein mit nur wenigen Appartements im rustikalen Stil. Einheimische Küche, die in fast familiärer Atmosphäre serviert wird. Reservieren Sie rechtzeitig im voraus.

Anreise: 26 km von Bologna, S 9, Ausfahrt Castelfranco Emilia

Canal Grande Hotel ****

Corso Canalgrande 6
I - 41100 Modena
Tel. 059/21 71 60 - Fax 59 21 96 29
Telex 510480

• *Ganzes Jahr geöffnet* • *41 Zimmer mit Telefon, Bad, WC, Fernseher, Minibar, Klimaanlage* • *Zimmerpreis: L 146 000 (Einzel), L 218 000 (Doppel) mit Frühstück* • *Kreditkarten akzeptiert* • *Hunde erlaubt, Park*

Liegt sehr zentral im Stadtzentrum. Die Architektur ist ein altes Patrizierhaus, im neoklassizistischen Stil mit Fresken und viel Stuck. Gemütliche Fauteuils verleihen der Halle eine angenehme Atmosphäre. Ein sehr schöner und gepflegter Garten mit einem verspielten Springbrunnen. Das Restaurant „La Secchia Rapita" im Keller bietet gute Küche.

Anreise: Im Zentrum

I due Foscari ***

I - 43011 Busseto (Parma)
Tel. 0524/92 337
Fax 524 91 625

• *Geöffnet von Februar bis Juli/September bis Dezember •*
18 Zimmer mit Telefon, Bad, WC • Zimmerpreis: L 50 000
(Einzel), L 90 000 (Doppel), Frühstück: L 10 000, Halbpen-
sion: L 160 000, Vollpension: L 210 000(Min. 2 Pers./3 Ta-
ge) • Kreditkarten: Visa, Mastercard, Eurocard, Euro-
schecks

„I Due Foscari" liegt im Geburtsort Verdis, daher auch der
Name. Sehr lyrisches Ambiente mit ständiger Verbindung
zu Musik und Oper. Einfache Zimmer, die leider nicht sehr
ruhig sind.

Anreise: 40 km von Parma, Autobahnausfahrt Fidenza,
Salsomaggiore

Hotel Ristorante
„Al Vecchio Convento" ***

**Via Roma 7
I - 47100 Portico di Romagna (Forli)
Tel. 0543/96 77 52**

• Ganzes Jahr geöffnet • 14 Zimmer mit Telefon (9 mit Bad, WC) • Zimmerpreis: L 58 000, Frühstück: L 7 000, Halbpension: L 55 000, Vollpension: L 65 000 (Min. 3 Tage) • Kreditkarten: American Express, Diners Club, Visa

Ein altes Palais aus dem 19. Jahrhundert, das zum Hotel umgebaut wurde. Geschmackvoll restauriert, leicht rustikale Atmosphäre. Von den Zimmern und vom Restaurant genießt man eine gute Aussicht auf die malerische Hügellandschaft. Portico di Romagna liegt an der Grenze zwischen der Toscana und der Emilia Romagna, zwei Regionen, die beide für ihre Küchentradition bekannt sind. Die Küche: einfache, bodenständige Küche guten Standards.

Anreise: SS 67, Ausfahrt Portico

Hotel Royal *****

**Corso Imperatrice 80
I - 18038 San Remo (Imperia)
Tel. 0184/ 79 991 - Fax 184 61 445
Telex 270511**

• Geöffnet vom 20. Dezember bis 1. September • 138 Zimmer mit Telefon, Bad, WC • Zimmerpreis: L 150 000/180 000 (Einzel), L 245 000/300 000 (Doppel) mit Frühstück, Halbpension: L 170 000/240 000, Vollpension: L 195 000/ 270 000 (Min. 3 Tage) • Diners Club, Eurocard, Visa, American Express • Hunde erlaubt (Zuschlag L 15 000), Pool, Tennisplatz, Minigolf, Fitness

Das „Hotel Royal" in San Remo ist ein großes, internationales Haus mit einer gepflegten Parkanlage und eigenem Privatstrand. Das „Royal" blickt auf eine lange Tradition zurück und gehört zu den „Grand Hotel" Europas. Verlangen Sie ein Zimmer mit Blick auf das Meer.

Anreise: A 10, Ausfahrt San Remo

Hotel Punta Est ****

Via Aurelia 1
I - 17024 Finale Ligure (Savona)
Tel. 019/600 611 - Fax 19 60 06 11

• Geöffnet von Mai bis September • 40 Zimmer mit Telefon, Bad, WC • Zimmerpreis: L 150 000-200 000 (Doppel und Suite), Frühstück: L 15 000, Halbpension: L 115 000/ 125 000, Vollpension: L 130 000/150 000 (Min. 3 Tage) • Kreditkarten: American Express, Visa • Pool, Tennisplatz, Piano-Bar, Badestrand

Das „Hotel Punta Est" ist eine alte Villa aus dem 18. Jahrhundert, die in ein modernes 4-Sterne-Hotel umgewandelt wurde. Von der Terrasse genießt man eine phantastische Aussicht auf das Meer. Der Garten bietet üppige Vegetation, große Pinien und Bäume. Alle Zimmer sind gut ausgestattet und bieten Blick auf das Meer.

Anreise: A 10, Ausfahrt Finale Ligure

Foresteria Golf Club Garlenda ***

I - 17033 Garlenda (Savona)
Tel. 0182/58 00 12/3

• Ganzes Jahr geöffnet • 7 Zimmer mit Telefon, Bad, WC •
Zimmerpreis: L 60 000 (Einzel), L 90 000 (Doppel) mit
Frühstück, Halbpension: L 80 000, Vollpension: L 90 000 •
Pool, Tennisplatz

Dieses Hotel empfiehlt sich vor allem für Golf-Freunde. Das
Hotel liegt in der Mitte eines 18-Loch-Golfplatzes und ist sozusagen Hotel- und Clubhaus in einem. Liegt sehr ruhig
und angenehm.

Anreise: 47 km von Savona

Royal Sporting Hotel ****

I - 19025 Portovenere (La Spezia)
Tel. 0187/90 03 26
Fax 187 51 49 73

• Geöffnet vom 10. April bis 20. Oktober • 62 Zimmer mit Telefon, Bad, Dusche, WC • Zimmerpreis: L 120 000/ 150 000 (Doppel), Frühstück: L 15 000 • Kreditkarten: American Express, Visa, Diners Club, Eurocard • Hunde erlaubt, Pool, Tennisplatz

Das „Royal Sporting Hotel" in Portovenere besticht durch seine Lage direkt am Strand. Große Balkone und eine riesige Terrasse mit Swimmingpool machen den Aufenthalt angenehm. Ein internationales Hotel mit gutem Service und allen Sportmöglichkeiten für den Badeurlaub.

Anreise: A 12, Ausfahrt La Spezia, S 530 Richtung Portovenere

Albergo Genio **

Piazza Bastreri 8
I - 19025 Portovenere (La Spezia)
Tel. 0187/90 06 11

• Ganzes Jahr geöffnet • 7 Zimmer mit WC • Zimmerpreis: L 37 000 (Einzel), L 55 000 (Doppel) • Kreditkarten: Visa, Carta Si, Mastercard, Eurocard • Hunde erlaubt

Die „Albergo Genio" ist ein altes Haus mit viel Atmosphäre und Charme. Die Zimmer sind einfach, aber ordentlich. Besonders schön und charakteristisch für dieses Hotel ist die Terrasse, die eine sehr schöne Aussicht ermöglicht. Es verfügt über kein eigenes Restaurant, diese gibt es aber in unmittelbarer Nachbarschaft.

Anreise: A 12, Ausfahrt Sestri Levante, S 1 Richtung La Spezia, S 530 Richtung Portovenere

Hotel Porto Roca ****

I - 19016 Monterosso Al Mare (La Spezia)
Tel. 0187/81 75 02
Fax 187 81 76 92

• Geöffnet von April bis 4. November • 43 Zimmer mit Telefon, Bad, WC • Zimmerpreis: L 180 000 mit Frühstück, Halbpension: L 130 000/150 000, Vollpension: L 150 000/170 000 (Min. 3 Tage) • Kreditkarten: American Express, Visa, Eurocard, Mastercard • Hunde erlaubt (Zuschlag L 15 000/ 20 000), Badestrand

Das „Hotel Porto Roca" liegt an der felsigen Steilküste von La Spezia, am Beginn des „Cinqueterre". Das Hotel dominiert die ganze Bucht und den Strand. Es strahlt leicht kitschiges, aber durchaus romantisches Ambiente aus. Ideal für einen mehrtägigen Badeurlaub.

Anreise: A 12, Ausfahrt Carrodano, Levanto, Monterosso

Albergo Splendido *****

**Salita Baratta 13
I - 16034 Portofino (Genova)
Tel. 0185/26 95 51 - Fax 185 26 96 14
Telex 281057**

• Geöffnet vom 7. April bis 23. Oktober • 65 Zimmer mit Telefon, Bad, WC • Zimmerpreis: L 405 000 Halbpension • Hunde erlaubt, Pool, Tennisplatz, Sauna

Das „Splendido" ist eines der schönsten und luxuriösesten Hotels an der ligurischen Küste. Ein weltberühmtes Luxushotel mit entsprechend hohen Preisen. Man genießt in diesem Hotel von fast jedem Platz eine phantastische Aussicht.

Anreise: A 12, Ausfahrt Rapallo Richtung Portofino

Albergo Nazionale ****

I - 16034 Portofino (Genova)
Tel. 0185/269 575
Fax 185 26 95 78

• Geöffnet vom 15. März bis 15. Januar • 12 Zimmer mit Telefon, Bad, WC • Zimmerpreis: L 252 000 (Doppel), Frühstück: L 10 500 • Kreditkarten: Mastercard, Eurocard, Visa • Hunde erlaubt

Die „Albergo Nazionale" in Portofino ist ein altes, typisch italienisches Hotel mit einem ausgezeichneten Restaurant. Portofino selbst ist ein schicker Jachthafen, vergleichbar mit den renommierten Orten an der Côte d'Azur in Frankreich. Die Zimmer sind ordentlich und von gutem Standard.

Anreise: A 12, Ausfahrt Rapallo Richtung Portofino

Hotel Helvetia ***

Via Cappuccini 43
I - 16039 Sestri Levante (Genova)
Tel. 0185/41 175/47 216 - Telex 272003

• Geöffnet von März bis Oktober • 28 Zimmer mit Telefon, Bad, WC, Fernseher, Minibar • Zimmerpreise: L 90 000 (Einzel), L 110 000 (Doppel) • Kreditkarten akzepiert • Hunde erlaubt, Badestrand, Fahrräder

Das „Hotel Helvetia" liegt ideal direkt am Strand, mit einer großen, schönen Terrasse und eigenem Bootssteg. Die Atmosphäre ist familiär, der Service zuvorkommend. Ein angenehmes Hotel, das etwas von der Atmosphäre eines Grand Hotel ausstrahlt bei gleichzeitig vernünftigen Preisen.

Anreise: A 12, Ausfahrt Sestri Levante

Hotel Miramare ★★★★

**Via Cappellini 9
I - 16039 Sestri Levante (Genova)
Tel. 0185/48 08 55 - Fax 185 41 055
Telex 286383**

*• Ganzes Jahr geöffnet • 40 Zimmer mit Telefon, Bad, WC •
Zimmerpreis: L 135 000/182 000 mit Frühstück • Kreditkarten: American Express, Visa, Eurocard • Badestrand*

Das „Hotel Miramare" in Sestri Levante liegt direkt am Meer
und verfügt über einen eigenen kleinen Sandstrand. Jeder
Gast erhält seinen eigenen Liegestuhl mit Sonnenschirm.
Das Restaurant hat eine wunderschöne Terrasse direkt auf
das Meer. Ein elegantes, diskretes Hotel mit dem Charme
der Jahrhundertwende.

Anreise: A 12, Ausfahrt Sestri Levante

Hotel Hermitage ***

Vicolo Marzio (Ponte Vecchio)
I - 50122 Firenze
Tel. 055/28 72 16/29 89 01
Fax 21 22 08

• Ganzes Jahr geöffnet • 18 Zimmer mit Telefon (16 mit Bad oder Dusche, WC) • Zimmerpreis: L 75 000 (Einzel), L 110 000 (Doppel), Frühstück: L 12 000 • Kreditkarten: Visa, Eurocard • Hunde erlaubt

Dieses kleine Hotel liegt direkt am Ponte Vecchio mit einer wunderschönen Aussicht über die Dächer der Stadt. Ein besonders charmantes Hotel. Die Terrasse bietet eine phantastische Aussicht. Die Zimmer sind bei geschlossenen Fenstern angenehm ruhig. Hier wohnen Sie billig und sehr zentral.

Anreise: Beim Ponte Vecchio

Hotel Loggiato dei Serviti ***

Piazza S.S. Annunziata 3
I - 50122 Firenze
Tel. 055/28 95 92 - Fax 28 95 95
Telex 575808

• Ganzes Jahr geöffnet • 25 Zimmer und 4 Wohnungen mit Telefon, Bad, WC, Fernseher (auf Anfrage), Minibar • Zimmerpreis: L 115 000 (Doppel), L 200 000/280 000 (Suite), Frühstück: L 15 000 • Kreditkarten: Visa, American Express, Diners Club, Eurocard • Hunde erlaubt

Wohnen im „Hotel Loggiato dei Serviti" heißt wohnen in historischem Ambiente in zentraler Lage, mitten in Florenz. Die Architektur stammt aus dem 16. Jahrhundert und ist mit viel einfachem Charme und Geschmack als Hotel restauriert worden. Liegt sehr ruhig in der Fußgängerzone in der Nähe des Doms.

Anreise: In der Nähe vom Domplatz

Pensione Quisisana
e Pontevecchio ***

Lungarno degli Archibusieri, 4
I - 50122 Firenze
Tel. 055/216692 - 215046

• Ganzes Jahr geöffnet • 37 Zimmer mit Telefon (35 mit Bad oder Dusche, WC) • Zimmerpreis: L 85 000 (Einzel), L 132 000 (Doppel) mit Frühstück • Kreditkarten akzeptiert • Hunde erlaubt

Eine charmante kleine Pension mit einer kleinen Terrasse, die einen direkten Blick auf den Arno, den Ponte Vecchio und über die Dächer der Altstadt ermöglicht. Die Zimmer sind einfach, aber sauber und ordentlich. Ein besonders charmanter Platz mit viel Atmosphäre.

Anreise: Neben dem Ponte Vecchio

Hotel J & J Residence ****

Via di Mezzo 20
I - 50121 Firenze
Tel. 055/24 09 51 - Telex 570554

• Ganzes Jahr geöffnet • 20 Zimmer mit Telefon, Bad oder Dusche, WC, Fernseher, Minibar, Klimaanlage • Zimmerpreis: L 180 000-250 000 (Doppel), Frühstück: L 15 000 • Kreditkarten: American Express, Diners Club, Visa, Carta Si • Hunde erlaubt

Die „J & J Residence" liegt im Zentrum von Florenz in der Nähe des Doms. Ein altes Palais aus dem 16. Jahrhundert, das in ein Hotel umgewandelt wurde. Viel historisches Ambiente mit Gewölbe und alten Fresken bieten Stil und Atmosphäre. Die Zimmer sind luxuriös und erstklassig ausgestattet. Ein Top-Hotel in guter Lage.

Anreise: In der Nähe vom Dom und Santa Croce

Torre di Bellosguardo ****

**Via Roti Michelozzi 2
I - 50100 Firenze
Tel. 055/229 81 45**

• Ganzes Jahr geöffnet • 7 Zimmer und 3 Suiten mit Telefon, Bad, WC • Zimmerpreis: L 270 000 (Doppel), L 350 000 (Suite), Frühstück: L 16 000 • Kreditkarten: American Express, Diners Club, Mastercad, Visa, Carta Si • Hunde erlaubt, Pool, Parking

Das Hotel „Torre di Bellosguardo" liegt etwas abseits vom Zentrum auf einem kleinen Hügel mit einer wunderbaren Aussicht über Florenz. Umgeben von einem grünen Garten mit Zypressen und Swimmingpool, bietet dieses alte Gemäuer viel Atmosphäre und Romantik. Ein echter Geheimtip.

Anreise: Ausfahrt Certosa, Porta Romana

Villa Carlotta ★★★★

Via Michele di Lando 3
I - 50125 Firenze
Tel. 055/22 05 30 - Fax 233 61 47
Telex 573485

• Ganzes Jahr geöffnet • 27 Zimmer mit Telefon, Bad, WC, Fernseher, Safe • Zimmerpreis: L 186 000/294 000 (Doppel) mit Frühstück, Halbpension: L 40 000 • Kreditkarten: American Express, Visa, Diners Club, Eurocard • Hunde erlaubt

Die „Villa Carlotta" ist ein altes Patrizierhaus, das zum Hotel umgebaut wurde. Liegt sehr zentral in der Nähe des Palazzo Pitti in einem schönen Garten. Ein elegantes und stilvolles Ambiente mit viel Charme.

Anreise: In der Nähe der Porta Romana

Hotel Villa La Massa *****

Via La Massa 6 - Candeli
I - 50010 Firenze
Tel. 055/63 00 51 - Fax 63 25 79
Telex 573555

• Ganzes Jahr geöffnet • 38 Zimmer mit Telefon, Bad, WC •
Zimmerpreis: L 98 000/262 000 (Einzel), L 310 000/474 000
(Doppel), L 460 000/624 000 (Suite) mit Frühstück, Halb-
pension: L 210 000/275 000 • Kreditkarten akzeptiert • Pool,
Tennisplatz, Parking

Das „Hotel Villa la Massa" ist eines der schönsten Hotels in
Florenz. Mit einem großen, gepflegten Garten mit Swimmingpool und Tennis und einem ausgezeichneten Restaurant bietet dieses Haus erstklassigen Standard. Das Haus
selbst ist eine alte Villa aus dem 16. Jahrhundert mit viel
Atmosphäre und Romantik.

Anreise: 7 km von Florenz, A 1, Ausfahrt Florenz Süd
Richtung Pontassieve, Candeli

Pensione Bencista

**Via Benedetto da Maiano 4
I - 50014 Fiesole (Firenze)
Tel. 055/59 163**

• Ganzes Jahr geöffnet • 35 Zimmer mit Telefon (25 mit Bad oder Dusche, WC) • Zimmerpreis: L 82 000-97 000 mit Halbpension • Hunde erlaubt

Über Florenz in den Hügeln von Fiesole liegt diese Pension in sehr ruhiger Lage mit einer wunderschönen Aussicht über die Stadt. Ordentliche Zimmer und ein guter Service, sowie sehr angenehme Preise. Ideal als Ausgangspunkt für Sightseeing-Touristen in Florenz. Es gibt eine direkte Busverbindung von Fiesole nach Florenz.

Anreise: 8 km von Florenz, Bus nach Florenz 200 m vom Hotel

Villa San Michele *****

Via Doccia 4
I - 50014 Fiesole (Firenze)
Tel. 055/59 451 - Telex 570643

• Geöffnet vom 12. April bis 11. November • 27 Zimmer mit Telefon, Bad, WC, Fernseher (auf Anfrage), Minibar • Zimmerpreis: L 350 000/445 000 mit Halbpension • Kreditkarten: American Express, Diners Club, Mastercard • Hunde erlaubt, geheizter Pool

Die „Villa San Michele" ist ein altes Kloster, das mit viel Geschmack und Stil in ein Luxushotel umgebaut wurde. Im Sommer ißt man im ehemaligen Säulengang mit einer wunderschönen Aussicht aus den Rundbögen über die Stadt Florenz. Ein besonders romantisches und stilvolles Hotel, das in völliger Ruhelage auf den Hügeln von Fiesole liegt. Die Zimmer sind alle individuell gestaltet und luxuriös eingerichtet. Das Restaurant ist bekannt und wird auch von Einheimischen stark frequentiert.

Anreise: 8 km von Florenz, A 1, Ausfahrt Florenz Süd Badia

Montescalari

**Via di Montescalari 129
I - 50063 Figline Valdarno (Firenze)
Tel. 055/950 20 56**

*• Ganzes Jahr geöffnet • 9 Zimmer mit Bad (4 mit WC) •
Zimmerpreis: L 105 000 (Einzel), L 168 000/190 000 (Doppel) mit Frühstück • Reitpferde*

Dieses Hotel sieht von außen wie eine alte, dunkle Festung
aus. Innen erwarten den Gast aber viel Charme und Romantik. Das Hotel „Badia Montescalari" ist ein altes Kloster
aus dem 11. Jahrhundert, das in ein Hotel umgebaut wurde.
Hier können Sie abseits vom Touristik-Trubel ein paar Tage
richtig entspannen. Die Zimmer sind ordentlich und eher
rustikal eingerichtet.

*Anreise: 40 km von Florenz, Ausfahrt Florenz Süd, Via
Chiantigiana nach Siena, Grassina, Strada in Chianti,
Richtung Figline Valdarno*

Osteria del Vicario

Via Rivellino 3
I - 50052 Certaldo alto (Firenze)
Tel. 0571/66 82 28

• Geöffnet vom 15. März bis 15. Januar • 16 Zimmer (9 mit Bad, WC) • Zimmerpreis: L 70 000 Halbpension (Min. 3 Tage), Frühstück: L 7 800 • Kreditkarten: American Express, Diners Club, Visa, Eurocard, Access, Mastercard • Hunde erlaubt, Pool

Das Hotel „Osteria del Vicario" ist ein altes Kloster aus dem 13. Jahrhundert, das in ein Hotel umgewandelt wurde. Ein familienbetriebenes Haus mit viel Charme und sehr persönlichem Service. Von der Terrasse genießt man eine phantastische Aussicht über die Hügel der toskanischen Landschaft. Im Sommer nimmt man das Abendessen auf der Terrasse oder im Garten ein.

Anreise: Autobahn Florenz/Siena, Ausfahrt Poggibonsi Richtung Certaldo

Paggeria Medicea ****

I - 50040 Artimino-Carmignano (Firenze)
Tel. 055/871 80 81 - Fax 871 80 80
Telex 571502

• Ganzes Jahr geöffnet • 37 Zimmer mit Telefon, Bad, WC •
Zimmerpreis: L 80 000/160 000, Frühstück: L 12 000, Halb-
pension: L 105 000, Vollpension: L 125 000 (Min. 3 Tage) •
Kreditkarten: Visa, Diners Club, American Express, Carta
Si • Hunde erlaubt, Tennisplatz, Parking

Das Hotel „Paggeria Medicea" ist die ideale Harmonie
zwischen historischem Ambiente und modernem Luxus-
hotel. Die Zimmer sind gut und komfortabel eingerichtet, der
Service professionell und erstklassig. Man bietet einen
eigenen Tennisplatz, sowie eine angenehme Terrasse mit
schöner Aussicht auf die hügelige Landschaft. Ideal für alle,
die gerne außerhalb von Florenz übernachten. Florenz liegt
etwa 10 Minuten entfernt.

Anreise: 22 km von Florenz, A 1, Ausfahrt Florenz, Signa, A
11, Ausfahrt Prato, S 67, Ausfahrt Camaioni Richtung
Artimino

Hotel Bel Soggiorno ***

Via San Giovanni, 91
I - 53037 San Gimignano (Siena)
Tel. 0577/940375 - Telefax 0577/940375

• Ganzes Jahr geöffnet • 25 Zimmer mit Telefon, Bad, WC •
Zimmerpreise: L 74000 (Doppel), Frühstück: L 7000 •
Kreditkarten: American Express, Mastercard, Visa, Diners
Club

Das „Hotel Bel Soggiorno" liegt mitten in der Altstadt von
San Gimignano in einem alten Haus aus dem 13. Jahrhundert. Von den hoch oben gelegenen Zimmern hat man eine
phantastische Aussicht über die Dächer der mittelalterlichen
Stadt. Ein romantisches und einzigartiges Hotel.

Anreise: in der Altstadt von San Gimignano, zwischen
Florenz und Siena

Hotel La Cisterna ***

Piazza della Cisterna, 24
I - 53037 San Gimignano (Siena)
Tel. 0577/940328 - Telex 575 152

• Geöffnet von März bis Mitte November • 50 Zimmer mit Bad, Telefon • Zimmerpreise: L 108000 Frühstück inbegriffen • Kreditkarten: Diners Club, Eurocard, Visa, American Express • TV-Zimmer

Ein Juwel voll Romantik mitten in der Altstadt von San Gimignano. Viel Charme und historisches Ambiente. Die Küche ist ausgezeichnet. Vom Restaurant, das unter dem Dach untergebracht ist, genießt man eine einmalige Aussicht auf die hügelige Landschaft der Toskana. Ein unbedingtes Muß für Romantiker.

Anreise: zwischen Siena und Florenz

Hotel Le Renaie ***

Pancole (Siena)
I - 53037 San Gimignano
Tel. 0577/955 044 - Telefax 955 044

• Geöffnet von Anfang Dezember bis Anfang November •
26 Zimmer mit Bad, WC, Telefon • Zimmerpreise: L 37500 -
L 52000 • Kreditkarten: American Express, Diners Club,
Visa, Eurocard • Hunde erlaubt • Schwimmbad, Tennis.

Ein sehr angenehmes und charmantes Hotel, das ca. 5 Kilometer außerhalb von San Gimignano liegt. Ausgezeichnete Küche und sehr gute Weinkarte. Liegt sehr ruhig in der
wunderschönen Landschaft der Toskana.

Anreise: San Gimignano - Richtung Certaldo - 5 km nach
Abzweigung Pancole

Pensione Palazzo Ravizza ***

Piano dei Mantelli, 34
I - 53100 Siena
Tel. 0577/28 04 62

• Ganzes Jahr geöffnet • 30 Zimmer mit Bad, WC, Telefon •
Zimmerpreise: L 180000 (für 2 Personen, Halbpension) •
Kreditkarten: American Express, Diners Club, Visa,
Eurocard • TV-Zimmer, Bibliothek

Ein altes Schloß, das immer noch im Besitz derselben
Familie ist und heute als Pension geführt wird. Hier finden
Sie viel Romantik, Charme und alte italienische Tradition.
Die Preise sind sehr günstig.

Anreise: Auf der Superstrada, Ausfahrt Porta San Marco
oder Porta Tufi.

San Luigi Residence ****

Via della Cerreta 38
I - Strove Monteriggioni (Siena)
Tel. 0577/298267

• Geöffnet von März bis 19. November • 45 Zimmer • Zimmerpreise: L 120000/200000 (Doppel), L 200000/300000 (Suite) • Kreditkarten: American Express, Eurocard, Visa • Hunde erlaubt • Schwimmbad, Tennis, TV-Zimmer

Hier finden Sie vollständig eingerichtete Ferienwohnungen, die in geschmackvoll gestalteten Steinhäusern im typisch toskanischen Stil untergebracht sind. Großer gepflegter Garten und ein riesiger Swimmingpool, sowie Tennisplätze und ein gutes Restaurant machen diesen Platz ideal für Familienurlaub.

Anreise: Schnellstraße Florenz - Siena, Ausfahrt Monteriggioni Richtung Strove

Hotel Villa Casalecchi ****

**I - 53011 Castellina in Chianti (Siena)
Tel. 0577/74 02 40**

• Geöffnet von Ende März bis Ende Oktober • 19 Zimmer mit Telefon, Bad, WC • Zimmerpreis: L 145 000, Frühstück: L 16 500, Halbpension: L 360 000, Vollpension: L 410 000 • Kreditkarten: Visa, Diners Club, Eurocard, American Express, Access, Mastercard • Hunde erlaubt, Pool, Tennisplatz

Das „Hotel Villa Casalecchi" wirkt von außen wie ein Einfamilienhaus. In privater und sehr ruhiger Atmosphäre wohnt man hier umgeben von einem schönen Garten und Bäumen. Ein guter Swimmingpool, sowie der gute, eigene Wein machen den Aufenthalt in diesem Haus sehr angenehm.

Anreise: 21 km von Siena, S 22, Ausfahrt Castellina de Firenze, auf der alten Straße von Chianti die Via Greve nehmen, Autobahn Florenz/Siena, Ausfahrt San Donato Richtung Castellina

Castello di Spaltenna ****

I - 53013 Gaiole in Chianti (Siena)
Tel. 0577/74 94 83 - Fax 74 92 69

• Geöffnet vom 1. März bis 15. Januar • 15 Zimmer mit Telefon, Bad, WC • Zimmerpreis: L 130 000/200 000 mit Frühstück • Kreditkarten akzeptiert • Hunde erlaubt, Pool

Das Hotel „Castello di Spaltenna" ist ein altes Kloster aus dem 13. Jahrhundert, das in ein Hotel umgewandelt wurde. Von hier genießt man in völliger Ruhelage eine phantastische Aussicht über die hügelige Landschaft der Toskana mit ihren Zypressen und den kleinen mittelalterlichen Dörfern. Die Küche ist eine der besten dieser Region und mehrfach preisgekrönt. Ein Haus mit viel Atmosphäre und Geschichte.

Anreise: 28 km von Siena, A 1, Ausfahrt Valdarno, S 408 Richtung Montevarchi, Ausfahrt Gaiole

Park Hotel Carvachione ****

**I - 53013 Gaiole in Chianti (Siena)
Tel. 0577/74 95 50**

• *Geöffnet vom 15. März bis 31. Oktober • 11 Zimmer mit Dusche, WC • Zimmerpreis: L 160 000 (Doppel) mit Frühstück • Kreditkarten akzeptiert • Hunde erlaubt, Pool*

Das „Park Hotel Carvachione" liegt etwa 30 Kilometer von Siena entfernt. Ein altes Bauernhaus im toskanischen Stil wurde zum Hotel umgebaut. Ein sehr romantisches Haus mit viel Atmosphäre. Rund um das Hotel gibt es viele gemütliche Restaurants in alten Mühlen, Klöstern, Trattorias.

Anreise: 28 km von Siena, A 1, Ausfahrt Valdarno, S 408 Richtung Montevarchi, Ausfahrt Gaiole

Hotel Villa Belvedere ***

I - 53034 Colle Val d'Elsa (Siena)
Tel. 0577/92 09 66 - Telex 575304

• Geöffnet von März bis Dezember • 15 Zimmer mit Telefon,
Bad, WC • Zimmerpreis: L 110 000 (Doppel) mit Frühstück,
Halb- und Vollpension möglich • Kreditkarten akzeptiert

Das „Hotel Villa Belvedere" ist ein altes Herrenhaus im typischen Stil der Toskana. Ein romantischer Garten, sowie die absolute Ruhelage empfehlen dieses Haus. Das Frühstück kann man im Sommer auf der Terrasse einnehmen. Die Lage ist ausgezeichnet, etwa 10 Minuten von Siena mit dem Auto.

Anreise: 15 km von Siena

Villa la Principessa ****

I - 55050 Massa Pisana (Lucca)
Tel. 0583/37 00 37-9 - Fax 59 00 68
Telex 590068

• Geöffnet vom 18. Februar bis 8. Januar • 44 Zimmer mit Telefon, Bad • Zimmerpreis: L 241 000 mit Halbpension, L 283 000 mit Vollpension, Frühstück: L 18 000 • Kreditkarten: Visa, Diners Club, Eurocard, American Express, Mastercard • Hunde erlaubt, Pool

Dieses Haus gehört zur Gruppe der Relais-Château-Hotels. Ein Landhaus aus dem 19. Jahrhundert, das in ein exklusives Hotel umgewandelt wurde. Mit viel Antiquitäten und noch mehr Stil eingerichtet, bietet dieses Haus eine elegant-romantische Atmosphäre. Die Küche ist gut. Man serviert Spezialitäten der Toskana.

Anreise: 5 km von Lucca, A 11, Ausfahrt Lucca, SS 12 Richtung Pisa, Ausfahrt Massa Pisana

Hotel Tirreno ***

Viale Morin 7
I - 55042 Forte dei Marmi (Lucca)
Tel. 0584/833 33

• Geöffnet von April bis Anfang Oktober • 59 Zimmer mit Telefon, Bad oder Dusche, WC • Zimmerpreis: L 51 400/76 600 - 52 300/77 400, Frühstück: L 12 000, Halbpension: L 90 000/ 125 000, Vollpension: L 98 000/133 000 (Min. 2 Tage) • Kreditkarten: American Express, Diners Club, Visa

Ein kleines, charmantes Hotel mit gelber Fassade und grünen Fensterläden. Verlangen Sie ein Zimmer mit Balkon, das zum Garten liegt. Die Küche ist sehr gut und bietet ausgezeichnete Spezialitäten der Toskana.

Anreise: 35 km von Pisa, Autobahn Genua/Livorno, Ausfahrt Versilia, Forte dei Marmi

Hotel Villa di Corliano ***

**Via Statale 50
I - 56010 Rigoli (Pisa)
Tel. 050/818193**

*• Ganzes Jahr geöffnet • 15 Zimmer • Zimmerpreise: L 60000 -
L150000 • Kreditkarten: Eurocard, Visa • TV-Zimmer, Bibliothek, Konferenzräume*

Ein wunderschöner, typischer Herrensitz in der Toskana mit
großem Park und erstklassiger Ruhelage. Ein Hotel, das wir
besonders empfehlen möchten für alle, die gepflegtes und
romantisches Ambiente lieben. In diesem Hotel verbringen
Sie einen Aufenthalt in der Toskana, den Sie für immer in
Erinnerung behalten werden.

*Anreise: 10 km von Pisa und seinem internationalen Flug-
hafen „Galileo Galilei" entfernt und ca. 35 km vom Hafen
Livornos.*

Albergo Arenella ***

**Isola del Giglio
I - 58013 Giglio Porto (Grosseto)
Tel. 0564/80 93 40**

*• Ganzes Jahr geöffnet • 24 Zimmer mit Telefon, Bad, WC •
Zimmerpreis: L 42 000 (Einzel), L 70 000 (Doppel),
L 130 000 (Suite), Frühstück: L 5 000*

Liegt in einmaliger Lage mit großer Terrasse direkt über
dem Strand. Ein ideales Familienhotel, das Appartements
mit einem Doppel- und einem Einzelzimmer plus Badezimmer anbietet. Das Meer ist nur wenige Meter entfernt.

*Anreise: Autofähre von Porto San Stefano-Argentario,
keine Autos erlaubt im Juli und August, Minibusservice vom
Hotel*

Hotel Monticello ***

**Isola del Giglio
I - 58013 Giglio Porto (Grosseto)
Tel. 0564/80 92 52 - Fax 80 92 52**

*• Geöffnet ab Ostern • 31 Zimmer mit Telefon, Dusche, WC •
Zimmerpreis: L 62 000/72 000 (Doppel), Frühstück: L 8 000,
Halbpension: L 65 000/83 000, Vollpension: L 68 000/86 000
(Min. 3 Tage) • Kreditkarten: Visa, Diners Club, Euro-
schecks • Hunde erlaubt, Tennisplatz*

Dieser rosagestrichene Bau befindet sich zwischen dem
Kastell und dem Hafen von Giglio. Mit einer außergewöhnlichen Aussicht auf das Meer, das Schloß und die Berge.
Verlangen Sie ein Zimmer mit Balkon oder zumindest Blick
auf das Meer. Manche Zimmer sind sehr klein.

*Anreise: Autofähre von Porto San Stefano-Argentario, kei-
ne Autos erlaubt im Juli und August, Minibusservice vom
Hotel*

Pardini's Hermitage **

**Isola del Giglio
I - 58013 Giglio Porto (Grosseto)
Tel. 0564/80 90 34**

• Geöffnet vom 15. März bis Ende September • 11 Zimmer mit Telefon, Bad, WC • Zimmerpreis: L 85 000/115 000 mit Frühstück • Hunde erlaubt

Die „Pardini's Hermitage" liegt auf der romantischen Insel del Giglio. Ganz aus altem Naturstein errichtet, strahlt das Haus die typische Atmosphäre der alten Bauernhäuser der Toskana aus. Die Küche ist ausgezeichnet und der Service zuvorkommend.

Anreise: Autofähre von Porto San Stefano-Argentario, keine Autos erlaubt im Juli und August, Minibusservice vom Hotel

Grand Hotel e La Pace

Viale della Toretta 1
I - 51016 Montecatini Terme (Pistoia)
Tel. 0572/77 58 01 - Fax 78 451
Telex 570004

• Geöffnet von April bis Oktober • 150 Zimmer und 20 Wohnungen mit Telefon, Bad, WC, Fernseher, Minibar, Klimaanlage • Zimmerpreis: L 200 000/220 000 (Einzel), L 280 000/ 370 000 (Doppel), Frühstück: L 20 000 • Kreditkarten: American Express, Diners Club, Mastercard, Eurocard • Hunde erlaubt, Pool, Tennisplatz, Fitness

Das „Grand Hotel e La Pace" ist eines der großen alten Kurhotels in Montecatini Terme. Viel Stil, viel Geschichte, viel Atmosphäre. Rund um das Haus ein großer, sehr gepflegter Park mit einem großen Swimmingpool und einem Tennisplatz. Der Service ist professionell und zuvorkommend.

Anreise: 49 km von Florenz

Villa Vannini ***

**Villa di Piteccio 6
I - 51030 Piteccio (Pistoia)
Tel. 0573/42 031**

• Ganzes Jahr geöffnet • 8 Zimmer und 2 Wohnungen (6 mit Bad, WC) • Zimmerpreis: L 55 000/65 000 (Zimmer), L 750 000 (Wohnung pro Woche für 4 Pers.) mit Frühstück, Halbpension: L 55 000/60 000 (Min. 3 Tage) • Kreditkarten: American Express (+ 5 %)

Das Hotel „Villa Vannini" ist ein Landhaus mit alten Möbeln, das sehr familiär und privat geführt wird. Die Küche ist ausgezeichnet und bietet alle Spezialitäten der Toskana. Die 8 Zimmer sind angenehm und komfortabel.

Anreise: A 11, Ausfahrt Pistoia Richtung Abetone/Modena, in Ponte Calcaiola Richtung Piteccio, Hotel angezeichnet

Hotel Il Pellicano ****

I - 58018 Porto Ercole
Tel. 0564/833801
Telefax 0564/833418 - Telex 500131

• Ganzes Jahr geöffnet • 34 Zimmer mit Bad, Klimaanlage • Zimmerpreise: L 200000/546000 (Doppel), Frühstück: L 25000 • Kreditkarten: American Express, Diners Club, Eurocard, Visa • Schwimmbad, Tennis

In Porto Ercole, dem bekannten Jachthafen der Römer, liegt dieses ruhige Relais et Château-Hotel in einer privaten Villa. Ein Luxus-Hotel in absoluter Ruhelage. Liegt am Hang direkt zum Meer in mehreren Terrassen und hat einen eigenen Privatstrand. Eines der schönsten Hotels in dieser Gegend.

Anreise: ca. 50 km von Grosseto

Locanda della Posta ****

Corso Vannucci 97
I - 06100 Perugia
Tel. 075/61 345-6 - Fax 75 61 345

• Ganzes Jahr geöffnet • 40 Zimmer mit Telefon, Bad, WC, Fernseher, Minibar • Zimmerpreis: L 170 000/250 000 (Doppel) mit Frühstück • Hunde erlaubt

Das Hotel „Locanda della Posta" ist ein gutes 4-Sterne-Hotel, das direkt in der Stadt Perugia liegt. Die Zimmer sind sehr gut und komfortabel ausgestattet. Das Restaurant ist stadtbekannt und wird auch von Einheimischen frequentiert. Liegt sehr zentral in der Altstadt.

Anreise: Im Zentrum, auf der Hauptstraße der historischen Stadt

Hotel Gattapone ****

Via del Ponte 6
I - 06049 Spoleto (Perugia)
Tel. 0743/36 147

• Ganzes Jahr geöffnet • 14 Zimmer mit Telefon, Bad • Zimmerpreis: L 103 000/157 000 (Doppel), Frühstück: L 14 000 • Kreditkarten: American Express, Diners Club, Mastercard, Visa • Hunde erlaubt

Ein kleines, charmantes 4-Sterne-Hotel, das vom Eigentümer sehr familiär geführt wird. Das „Hotel Gattapone" hat mit seinen nur 14 Zimmern mehr die Ausmaße eines großen Privathauses mit viel persönlichem Stil und Ambiente. Die Zimmer sind modern und gut ausgestattet und bieten immer eine wunderbare Aussicht in die Landschaft.

Anreise: Piazza Campello, neben dem romanischen Aquädukt

Hotel Bramante ****

Via Orvietana
I - 06059 Todi (Perugia)
Tel. 075/884 83 81/2/3 - Fax 884 80 74
Telex 661043

*• Ganzes Jahr geöffnet • 43 Zimmer mit Telefon, Bad, WC •
Zimmerpreis: L 110 000 (Einzel), L 140 000 (Doppel),
L 160 000 (Suite), Frühstück: L 12 000, Halbpension: L 110 000,
Vollpension: L 130 000 (Min. 3 Tage) • Kreditkarten: Diners
Club, American Express, Visa, Carta Si • Hunde erlaubt,
Pool, Tennisplatz, Parking*

Das „Hotel Bramante" liegt neben der Renaissance-Kirche
Santa Maria della Consolazione auf einem kleinen Hügel
mit wunderschöner Aussicht über die Landschaft Umbriens.
Das Haus ist ein altes Nonnenkloster aus dem 14. Jahrhundert, das vom Eigentümer selbst sehr persönlich geführt
wird. Die Zimmer sind hell und angenehm eingerichtet.

*Anreise: 45 km von Perugia, 39 km von Orvieto, A 1, Aus-
fahrt Orvieto, S 79 Richtung Todi, auf S 448 oder S 3 Ausfahrt Todi*

Hotel Roma **

Piazza S. Chiara 13/15
I - 06081 Assisi (Perugia)
Tel. 075/81 23 90 - Telex 66122

• Ganzes Jahr geöffnet • 29 Zimmer mit Telefon, Dusche,
WC • Zimmerpreis: L 30 000 (Einzel), L 45 000 (Doppel),
Frühstück: L 6 000 • Kreditkarten: American Express, Visa •
Hunde erlaubt

Liegt in einer sehr italienischen Straße der Stadt. Ein klei-
nes und sehr typisches Hotel mit lokalem Charme. Von den
Zimmern aus haben Sie einen schönen Ausblick auf den
Platz, die Piazza Santa Chiara.

Anreise: A 1, Ausfahrt Val di Chiana, S 75 Richtung Peru-
gia, S 147 nach Assisi

Castel San Gregorio

**San Gregorio
I - 06081 Assisi (Perugia)
Tel. 075/803 80 09**

• Ganzes Jahr geöffnet • 12 Zimmer mit Telefon, Dusche, WC • Zimmerpreis: L 40 000 (Einzel), Frühstück: L 8 000, Halbpension: L 81 000, Vollpension: L 104 000 • Kreditkarten: Euroschecks, Diners Club, American Express, Carta Si, Visa • Hunde erlaubt

Ein Schloß, das von hohen Bäumen und Zypressen umgeben ist. Von der Terrasse aus genießt man eine wunderschöne Aussicht auf die hügelige Landschaft Umbriens. Die Zimmer sind alt eingerichtet und sehr charmant. Ein Haus mit viel Atmosphäre und Romantik.

Anreise: 13 km von Assisi, Richtung Petrignano d'Assisi

Hotel Country House **

**San Pietro Campagna
I - 06081 Assisi (Perugia)
Tel. 075/81 63 63**

*• Ganzes Jahr geöffnet • 12 Zimmer mit Bad oder Dusche,
WC • Zimmerpreis: L 60 000 (Doppel), Frühstück: L 10 000
• Kreditkarten: Visa, American Express • Hunde erlaubt*

Das „Hotel Country House" ist im typischen Stil der alten
Bauernhäuser in Umbrien ganz aus Naturstein errichtet
worden. Hier übernachtet man am Land zwischen Perugia
und Assisi. Assisi ist nur etwa 10 Kilometer entfernt. Verlangen Sie ein Zimmer mit Terrasse.

*Anreise: A 1, Ausfahrt Val di Chiana, S 75 Richtung Peru-
gia, S 75 und S 147 Richtung Assisi*

Hotel Lo Spedalicchio ***

**I - 06080 Ospedalicchio di Bastia (Perugia)
Tel. 075/80 103 23**

• *Ganzes Jahr geöffnet* • *25 Zimmer mit Telefon, Bad, WC, Fernseher* • *Zimmerpreis: L 40 000 (Einzel), L 80 000 (Doppel), Frühstück: L 10 000, Halbpension: L 77 000, Vollpension: L 97 000 (Min. 3 Tage)* • *Kreditkarten: American Express, Diners Club, Visa*

Das „Hotel Lo Spedalicchio" liegt zwischen Perugia und Assisi. Das Haus selbst ist ein altes, mittelalterliches Gebäude aus Naturstein, das an eine Festung erinnert. Die Inneneinrichtung ist ganz im Stil dieser Region gehalten, die Zimmer sind einfach, aber geschmackvoll eingerichtet.

Anreise: 6 km von Assisi, auf dem Weg nach Perugia

Relais San Clemente ****

**I - 06080 Passo dell'Acqua-Bosco (Perugia)
Tel. 075/591 81 81**

*• Ganzes Jahr geöffnet • 64 Zimmer mit Telefon, Bad, WC,
Fernseher • Zimmerpreis: L 120 000 (Einzel), L 150 000
(Doppel), Frühstück: L 10 000, Halbpension: L 110 000,
Vollpension: L 135 000 (Min. 3 Tage) • Kreditkarten: Ameri-
can Express, Diners Club, Visa, Mastercard, Eurocard •
Hunde erlaubt, Pool, Tennisplatz, Billard*

Das Hotel „Relais San Clemente" ist ein erst vor kurzem
eröffnetes neues 4-Sterne-Hotel, das ganz in der Nähe von
Perugia liegt. Ein sehr charmantes Haus mit viel Stil und
Atmosphäre und einem schönen Garten. Die alte Architek-
tur wurde mit Geschmack erhalten. Das Haus bietet den
Gästen zwei Swimmingpools und einen Tennisplatz.

Anreise: E 45 Perugia, Cesana, Ausfahrt Bosco

Hotel Le Muse ****

I - 06083 Bastia Umbra (Perugia)
Tel. 075/800 17 33 - Telex 661090

• Ganzes Jahr geöffnet • 5 Zimmer und 2 Wohnungen mit Telefon, Bad, WC • Zimmerpreis: L 140 000 (Doppel), L 200 000 (Wohnung), Frühstück: L 15 000, Halbpension: L 100 000, Vollpension: 120 000 • Kreditkarten: American Express • Fitness

Das „Hotel Le Muse" ist ein kleines, modernes Hotel mit nur 5 Zimmern und 2 Appartements, das von außen wie ein großes Einfamilienhaus wirkt. Das Hotel beherbergt ein eigenes Fitnesscenter und eine gute Sauna. Der Garten sowie die ruhige Lage machen das Hotel sehr angenehm.

Anreise: 17 km von Perugia, Richtung Assisi, 5 km vor Assisi

Albergo Ristorante Nel Castello

Castelleone
I - 06053 Deruta (Perugia)
Tel. 075/971 13 02/971 11 40

• Geöffnet vom 1. April • 10 Zimmer mit Telefon, Bad, WC •
Zimmerpreis: L 95 000, Frühstück: L 10 000, Halbpension
(obligatorisch): L 100 000, Vollpension: L 125 000 (Min. 3
Tage) • Kreditkarten: Visa, American Express, Diners Club •
Pool mit Hydromassage

Das Hotel „Nel Castello" befindet sich in einer alten, kleinen
Burg, die aus dem 12. Jahrhundert stammt. Zimmer und
Restaurant sind einfach und eher rustikal ausgestattet. Erst-
klassige Ruhelage und viel grüne Landschaft rund um das
Haus. Von der Terrasse genießt man eine herrliche Aus-
sicht auf das Tibertal.

Anreise: A 1, Ausfahrt Val di Chiana, S 75 Richtung Peru-
gia, 12 km vor Perugia auf S 3 Richtung Terni, 5 km von
Deruta

Hotel Convento San Valentino *****

Colle San Valentino
I - 06059 Fiore di Todi (Perugia)
Tel. 075/88 41 03 - Telex 8848696

• Ganzes Jahr geöffnet • 12 Zimmer mit Telefon, Bad, WC •
Zimmerpreise: L 335 000 (Doppel) mit Frühstück, Halb-
pension: L 230 000, L 310 000 (Min. 3 Tage) • Kreditkarten:
Diners Club, American Express, Visa, Access, Mastercard •
Hunde erlaubt, Pool, Tennisplatz

Das „Hotel Convento San Valentino" ist in einem alten Kloster aus dem 13. Jahrhundert untergebracht. Ein sehr ruhig
gelegenes Haus. Die Zimmer sind mit Geschmack und an-
genehmem Komfort eingerichtet. Der Service ist gut und zuvorkommend.

Anreise: 39 km von Orvieto, A 1, Ausfahrt Orvieto, S 448
Richtung Todi, von Perugia: S 3 Richtung Terni, Ausfahrt S
448 Todi

Monte Vibiano

**I - 06055 Mercatello-Marsciano (Perugia)
Tel. 075/878 33 71**

• *Geöffnet von April bis Oktober* • *6 Zimmer mit Telefon,
Bad, WC* • *Zimmerpreis: L 200 000/240 000 (Doppel) mit
Frühstück* • *Pool, Tennisplatz*

Das „Monte Vibiano" ist ein kleines, privates Familienhotel
mit nur 6 Zimmern, das sehr viel Charme und Atmosphäre
ausstrahlt. Nur wenige Kilometer von Perugia gelegen, in
der hügeligen Landschaft Umbriens mit seinen Olivenbäu-
men und Zypressen.

*Anreise: A 1, Ausfahrt Val di Chiana, Richtung Perugia, San
Faustino, Pila, Spina*

Hotel Virgilio ***

Piazza Duomo 5
I - 05018 Orvieto (Terni)

• Geöffnet vom 1. Februar bis 9. Januar • 15 Zimmer mit Telefon, Dusche • Zimmerpreis: L 40 000 (Einzel), Frühstück: L 10 000 • Hunde erlaubt

Ein altes Haus, das am Domplatz liegt. Wenn Sie die Fenster Ihres Zimmers öffnen, schauen Sie direkt auf den roten Dom. Ein ruhiges Hotel mit gemütlichem Ambiente. Der Service ist gut.

Anreise: A 1, Ausfahrt Orvieto, Richtung Piazza Duomo

Hotel Ristorante La Badia ****

**La Badia
I - 05019 Orvieto (Terni)
Tel. 0763/90 359 - Fax 763 92 796**

• Geöffnet von März bis Dezember • 22 Zimmer mit Telefon, Bad, WC • Zimmerpreis: L 81 000/95 000, L 240 000 (Suite), Frühstück: L 15 000, Halbpension (obligatorisch während der Hochsaison): L 155 000/169 000, Vollpension: L 210 000/224 000 (Min. 3 Tage) • Kreditkarten: American Express, Visa • Pool, Tennisplatz, Parking

Das „Hotel Ristorante La Badia" liegt einige Kilometer außerhalb von Orvieto. Das Haus selbst ist ein altes romanisches Kloster aus dem 8. Jahrhundert, das zum Hotel umgebaut wurde. Die Inneneinrichtung ist rustikal, die Atmosphäre romantisch und voll Charme. Das Haus verfügt über einen schönen Swimmingpool und über einen Tennisplatz.

Anreise: A 1, Ausfahrt Orvieto Scalo, S 71 Richtung Bagnoregio, 5 km von Orvieto

Hotel Emilia ***

I - 60020 Portonovo (Ancona)
Tel. 071/80 11 17
Fax 71 80 13 30

• Ganzes Jahr geöffnet • 33 Zimmer mit Telefon, Dusche, WC • Zimmerpreis: L 45 000 (Einzel), L 87 000 (Doppel), Frühstück: L 10 000, Halbpension: L 100 000/120 000, Vollpension: L 120 000/145 000 • Kreditkarten: Visa, American Express, Diners Club • Pool, Tennis, Volleyball

Ein super-modernes Haus mit viel Glas und weißen Wänden und einem großen Swimmingpool. Das „Hotel Emilia" hat schöne, moderne Zimmer, die fast alle einen Ausblick auf das Meer bieten. Der Service ist gut zuvorkommend. Ein idealer Reisestop, aber auch für den Sommerurlaub in dieser Region gut geeignet.

Anreise: 14 km von Ancona, A 14, Ausfahrt Ancona Süd Richtung Camerano

Hotel Fortino Napoleonico ****

I - 60020 Portonovo (Ancona)
Tel. 071/80 11 23/80 13 14

• Ganzes Jahr geöffnet • 30 Zimmer mit Telefon, Bad, WC, Fernseher, Minibar, Klimaanlage • Zimmerpreis: L 100 000, L 200 000 (Suite), Frühstück: L 10 000, Halbpension: 95 000/ 115 000, Vollpension: L 110 000/130 000 (Min. 3 Tage) • Kreditkarten: American Express, Diners Club, Visa, Euro- card • Hunde erlaubt

Das „Hotel Fortino Napoleonico" ist ein 4-Sterne-Hotel, das in eine alte Militärfestung hineingebaut wurde, die aus dem letzten Jahrhundert stammt. Ein außergewöhnliches Bau- werk, das dem Haus viel Ambiente gibt. Die Küche bietet erstklassige Fischgerichte.

Anreise: 14 km von Ancona, A 14, Ausfahrt Ancona Süd Richtung Camerano

Hotel O'Viv ***

Via Marziale 43
I - 63030 Acquaviva Picena (Ascoli Piceno)
Tel. 0735/76 46 49 - Fax 83 697

• Ganzes Jahr geöffnet • Zimmer mit Telefon, Bad, WC •
Zimmerpreis: L 55 000/58 000 (Doppel) mit Frühstück,
Halbpension: L 39 500/62 500, Vollpension: L 48 000/
70 000 • Hunde erlaubt, Reitbahn, Reitpferde

Das „Hotel O'Viv" liegt in einem mittelalterlichen Dorf mit
Blick auf die Berge und das Meer. Ein einfaches Haus mit
viel Atmosphäre. Gebaut aus altem Stein mit gut eingerich-
teten Zimmern. Im Sommer kann man sehr angenehm auf
der Terrasse essen. Die Küche ist gut und bodenständig.

Anreise: Zwischen Pescara und Ancona, A 14, Ausfahrt S.
Benedetto

Villa Quiete

I - 62010 Vallecascia di Montecassiano (Macerata)
Tel. 0733/59 95 59
Telex 560105

• Ganzes Jahr geöffnet • 46 Zimmer mit Telefon, Bad, WC •
Zimmerpreis: L 55 000/65 000 (Einzel), L 75 000/85 000
(Doppel), Frühstück: L 6 500, Halbpension: L 80 000/95 000,
Vollpension: L 95 000/110 000 • Kreditkarten: American Ex-
press, Diners Club

Ein stilvolles, altes Herrenhaus in einem großen Park mit
hohen Bäumen, das im letzten Jahrhundert erbaut wurde
und viel Atmosphäre ausstrahlt. Die „Villa Quiete" ist ein
sehr ruhiges Hotel mit sehr viel Charme und gutem Service.

Anreise: 20 km von Ancona, A 14, Ausfahrt Porto Recanati

Villa Serena ***

**Via San Nicola, 6/3
I - 61100 Pesaro
Tel. 0721/55211
Telefax 55927 - Telex 560062**

• Geöffnet vom 11. Januar bis 31. Dezember • 9 Zimmer mit Bad, Telefon • Zimmerpreise: L 74000 (Einzel), L 95000 (Doppel) • Kreditkarten: American Express • Schwimmbad

Eine Oase von grünem Frieden, in der die Zeit stehenge-blieben ist. Die „Villa Serena" ist ein bezauberndes und romantisches Haus, das viel Komfort und Atmosphäre bietet. Ein Burg-Schloß in einem kleinen Park, das sehr ruhig gelegen ist. Das Bauwerk stammt aus dem 6. Jahr-hundert und steht unter Denkmalschutz.

Anreise: Autobahn Bologna-Ancona - Ausfahrt Casello di Pesaro

Park Hotel Fiorelle

I - 04029 Sperlonga (Latina)
Tel. 0771/540 92

• Geöffnet von Ostern bis Oktober • 33 Zimmer mit Bad, WC • Zimmerpreis: L 40 000 (Einzel), L 51 500 (Doppel), Frühstück: L 5 000, Halbpension: L 47 000/61 000, Vollpension: L 53 000/67 000 • Hunde erlaubt, Pool, Badestrand

Ein schönes, ruhiges Privathotel, das von den Eigentümern geführt wird. Das „Park Hotel Fiorelle" hat einen schönen Swimmingpool und einen Privatstrand, die den Aufenthalt sehr angenehm gestalten. Der Service ist sehr familiär und zuvorkommend.

Anreise: A 2 Rom/Napoli, Pontinia, Sperlonga

Hotel Castello Miramare ****

Via Pagnano
I - 04023 Formia (Latina)
Tel. 0771/70 01 38 - Fax 771 26 71 81
Telex 680010

• Geöffnet von Dezember bis Oktober • 10 Zimmer mit Tele-
fon, Bad, WC • Zimmerpreis: L 97 000/114 000, Frühstück:
L 14 000, Halbpension: L 134 000/158 000, Vollpension:
L 146 000/169 000 (Min. 3 Tage) • Kreditkarten: American
Express, Visa, Mastercard, Eurocard, Access, Diners Club •
Hunde erlaubt

Castello Miramare wurde im 19. Jahrhundert von einem rei-
chen Römer erbaut und ist voll eleganter Atmosphäre.
Prachtvolle Aussicht auf den Golf von Gaeta und mit spanischen Möbeln dekorierte Zimmer geben dem Haus seine
persönliche Note. Ein dezent gediegenes Hotel voll Charme.

Anreise: 76 km von Latina, A 2, Ausfahrt Cassino, S 630
Richtung Formia, SS 7

Grande Albergo Miramare ★★★★

Via Appia 44
I - 04023 Formia (Latina)
Tel. 0771/26 71 81 - Telex 680010

• Ganzes Jahr geöffnet • 57 Zimmer mit Telefon, Bad, WC • Zimmerpreis: L 80 000/90 000, Frühstück: L 12 000, Halbpension: L 110.000, Vollpension: L 120 000 (Min. 3 Tage) • Kreditkarten: American Express, Diners Club, Visa, Mastercard, Eurocard • Hunde erlaubt, Pool

Ein elegantes, besonders gediegenes Grand Hotel der alten Schule. Die meisten Zimmer haben eine eigene Terrasse, auf der man das Frühstück serviert bekommt. Park und Gastgarten liegen unter Palmen und Pinien und sind von blühendem Jasmin und Oleander umrankt. Die große Terrasse geht direkt zum Meer. Den Nachmittag verbringt man am besten am Swimmingpool.

Anreise: 76 km von Latina, A 2, Ausfahrt Cassino, S 630 Richtung Formia, SS 7

Castello di Balsorano

I - Balsorano (L'Aquila)
Tel. 0863/95 236

*• Ganzes Jahr geöffnet • 5 Zimmer und 2 Suiten mit Bad,
WC • Zimmerpreis: L 70 000, Suite: L 95 000, Frühstück:
L 5 000 • Hunde erlaubt*

Das Schloß ähnelt einer mittelalterlichen Burg mit wuchti-
gen Mauern und Zinnen. Liegt dominierend auf einem Hügel über dem Tal und dem Fluß. So, wie das Exterieur, sind
auch die Zimmer mittelalterlich gehalten und dunkel. Dies
verleiht dem Haus besonderen Charme und viel historische
Atmosphäre. Die Küche bietet Spezialitäten dieser Gegend.

Anreise: Rom, Frosinone, Sora, Balsorano

Hotel Valadier ***

Via della Fontanella 15
I - 00187 Rom
Tel. 06/361 05 92 - Fax 636 01 558
Telex 620873

• Ganzes Jahr geöffnet • 40 Zimmer mit Telefon, Bad, WC, Fernseher, Minibar • Zimmerpreis: L 145 000/197 000 (Einzel), L 223 000/280 000 (Doppel) mit Frühstück • Kreditkarten akzeptiert • Hunde erlaubt

Das „Hotel Valadier" liegt im selben Viertel wie die Piazza di Spagna und die Piazza del Popolo mitten im Zentrum Roms. Das Hotel ist modern ausgestattet und neu renoviert. Die Zimmer bieten allen Komfort und sind technisch von neuestem Standard. Empfiehlt sich vor allem wegen seiner Lage.

Anreise: In der Nähe der Piazza del Popolo und der Piazza di Spagna

Hotel Hassler *****

Piazza Trinita dei Monti 6
I - 00187 Rom
Tel. 06/678 26 51 - Fax 667 89 991
Telex 610208

• Ganzes Jahr geöffnet • 101 Zimmer mit Telefon, Bad, WC, TV, Minibar • Zimmerpreis: L 470 000/520 000/560 000, Frühstück: L 24 000 • Kreditkarten: American Express

Ein weltberühmtes Top-Hotel in der 5-Sterne-Kategorie, das vor allem wegen seiner Lage direkt an der Spanischen Treppe bekannt ist. Eines der schönsten und luxuriösesten, aber auch teuersten Hotels Roms.

Anreise: Oben an der Treppe der Piazza di Spagna

Hotel Locarno ***

**Via della Penna 22
I - 00186 Rom
Tel. 06/36 10 841 - Fax 636 04 898
Telex 622251**

• Ganzes Jahr geöffnet • 38 Zimmer mit Telefon, Bad, WC, Klimaanlage • Zimmerpreis: L 116 400 (Einzel), L 175 700 (Doppel) mit Frühstück • Kreditkarten: American Express, Visa • Fahrräder

Ein einfaches, aber ordentliches Hotel, das gute Zimmer mit Bad und WC anbietet. Das „Locarno" hat einen romantischen Innenhof mit großen Sonnenschirmen, der besonders im Sommer zur Entspannung einlädt.

Anreise: Neben der Piazza del Popolo

Pensione Scalinata di Spagna

Piazza Trinita dei Monti 17
I - 00187 Rom
Tel. 06/679 30 06/679 95 82
Fax 679 95 82

• Ganzes Jahr geöffnet • 14 Zimmer mit Telefon, WC • Zimmerpreis: L 170 000 (Doppel) mit Frühstück • Hunde erlaubt

Liegt sehr ideal in nächster Nachbarschaft des Hotels Hassler. Von den oberen Stockwerken, sowie von der Terrasse genießt man eine wunderbare Aussicht über die Stadt. Eine romantische Pension mit viel Atmosphäre, die wir empfehlen können.

Anreise: Oben an der Treppe der Piazza di Spagna

Albergo Casa Albertina

**Via Tavolozza 3
I - 84017 Positano (Salerno)
Tel. 089/87 51 43/81 15 40**

*• Ganzes Jahr geöffnet • 21 Zimmer mit Telefon, Bad, WC, Kli-
maanlage • Zimmerpreis: L 90 00 Halbpension, L 105 000
Vollpension (Einzel), Frühstück: L 10 000 • Kreditkarten
akzeptiert • Hunde erlaubt*

In einem der romantischsten Orte Italiens in den Felsen der
Steilküste gelegen mit einer außergewöhnlichen Aussicht
auf das Meer. Fast das ganze Hotel ist im Stil der 60er
Jahre eingerichtet. Strahlt eine Atmosphäre von leichtem
Kitsch aus. Gerade das macht den persönlichen Charme
dieses Hotels aus. Verlangen Sie unbedingt ein Zimmer mit
Balkon und Sicht zum Meer. Wie viele Hotels in Positano,
kann man auch das Albergo Casa Albertina nicht mit dem
Auto erreichen. Gepäckträger holen Sie jedoch an der
Hauptstraße ab.

Anreise: 57 km von Napoli, 17 km von Amalfi

Hotel San Pietro *****

I - 84017 Positano (Salerno)
Tel. 089/87 54 55 - Fax 89 81 14 49
Telex 770072

• Geöffnet von April bis Oktober • 60 Zimmer mit Telefon, Bad, WC, Klimaanlage • Zimmerpreis: L 360 000/520 000 (Doppel) mit Frühstück, Halbpension: L 250 000/330 000, Vollpension: L 300 000/380 000 (Min. 3 Tage) • Kreditkarten: American Express, Diners Club, Visa • Pool, Tennisplatz, Badestrand, Wasserski, Surfbretter

Phantastische Fernsicht auf das Meer. Wie ein Vogelnest fügt sich dieses Hotel im stufigen Terrassenbau perfekt in die für diese Küste typische Landschaft mit ihren Steilküsten. Von Blumen und Pflanzen umranKt, kann man hier am eigenen Swimmingpool auf der Terrasse eine malerische Idylle genießen. Zum Badestrand fährt man mit einem Lift ca. 100 m im Felsen hinunter. Eigene Liegestühle und Sonnenschirme am Privatstrand. Außerdem gibt es ein eigenes Restaurant und in unmittelbarer Nähe des Hotels einen Tennisplatz.

Anreise: 57 km von Napoli, 2 km von Positano

Le Sirenuse *****

Via C. Colombo 30
I - 84010 Positano (Salerno)
Tel. 089/87 50 66 - Fax 89 81 17 98
Telex 770066

• Ganzes Jahr geöffnet • 60 Zimmer mit Telefon, Bad, WC, TV, Minibar, Klimaanlage • Zimmerpreis: L 380 000/460 000 mit Frühstück, Halbpension: L 240 000, Vollpension L 280 000 (Min. 3 Tage) • Kreditkarten: American Express, Diners Club, Visa • Pool, Tennisplatz, Parking

Ein in Terracotta und Weiß gehaltener Bau mit viel kleinen Balkonen und einer besonders schönen Terrasse. Ursprünglich als Palais im 18. Jahrhundert erbaut, ist dieses Hotel heute eines der schönsten dieses Küstenabschnitts. Essen kann man direkt am Swimmingpool. Man bietet eine ausgezeichnete napolitanische Küche an.

Anreise: 57 km von Napoli, 17 km von Amalfi

Hotel Caruso Belvedere ****

**Via San Giovanni del Toro 52
I - 84010 Ravello (Salerno)
Tel. 089/85 71 11**

• Ganzes Jahr geöffnet (außer 2 Wochen im Februar) • 24 Zimmer mit Telefon, WC (19 mit Bad) • Zimmerpreis: L 94 000 mit Halbpension, L 105 000 mit Vollpension (Einzel), L 105 000 mit Halbpension, L 120 000 mit Vollpension (Min. 3 Tage) (Doppel), Frühstück: L 15 000 • Kreditkarten: American Express, Diners Club, Visa • Hunde erlaubt

Liegt am Golf von Salerno in einem Palais aus dem 12. Jahrhundert und hat seine Eleganz als großes Hotel erhalten. Ein sehr traditionsreiches und seriöses Hotel. Die Preise dafür sehr angenehm. Viele Amerikaner und Engländer. Man spricht gutes Englisch. Liegt sehr ruhig und bietet eine erstklassige Küche. Der Eigentümer, Paolo Caruso, leitet das Hotel selbst, was im guten Service spürbar wird.

Anreise: Autobahn A3, Ausfahrt Angri oder Salerno, S 163 Richtung Amalfi, Ausfahrt Ravello

Hotel Giordano & Villa Maria ***

Via San Chiara 2
I - 84010 Ravello (Salerno)
Tel. 089/85 72 55
Fax 89 85 70 71

• Ganzes Jahr geöffnet • 17 Zimmer mit Telefon, Bad, WC • Zimmerpreis: L 35 000/40 000, Frühstück: L 12 000, Halbpension: L 75 000/85 000, Vollpension: L 85 000/95 000 (Min. 3 Tage) • Kreditkarten: American Express, Visa, Eurocard, Mastercard, Carta Si • Pool

Die beiden Hotels „Giordano" und „ Villa Maria", die derselben Familie gehören, liegen im historischen Teil von Ravello zwischen der mittelalterlichen Villa Rufolo, dem Hauptplatz und der Villa Cimbrone. Die Restaurants liegen in Richtung Meer mit wunderbarer Fernsicht.

Anreise: Autobahn A3, Ausfahrt Angri oder Salerno, S 163 Richtung Amalfi, Ausfahrt Ravello

Hotel Palumbo -
Palazzo Gonfalone *****

**Via Toro 28
I - 84010 Ravello (Salerno)
Tel. 089/85 72 44 - Fax 89 85 75 47
Telex 770101**

*• Ganzes Jahr geöffnet • 15 Zimmer, mit Telefon, Bad, WC •
Zimmerpreis: L 252 000/346 000, Frühstück: L 22 000, Halb-
pension: L 219 000/257 000, Vollpension: L 235 000/290 000
(Min. 3 Tage) • Kreditkarten: Visa, Mastercard • Hunde erlaubt*

Ein elegantes Hotel mit einer wunderschön gelegenen Terrasse (ideal zum Abendessen bei Kerzenlicht) und einer
außergewöhnlichen Aussicht über die Bucht von Amalfi. Die
Architektur stammt aus dem 12. Jahrhundert. Ausgezeichnete Küche und eigener Wein. Ideal für den eleganten
Schlemmerurlaub.

*Anreise: Autobahn A3, Ausfahrt Angri oder Salerno, S 163
Richtung Amalfi, Ausfahrt Ravello*

Villa Cimbrone ****

I - 84010 Ravello (Salerno)
Tel. 089/85 74 59

• Ganzes Jahr geöffnet • 20 Zimmer (8 mit Bad, WC) • Zimmerpreis: L 150 000/200 000 mit Frühstück •

Das Hotel „Villa Cimbrone" liegt südlich von Neapel am Beginn der Steilküste von Amalfi, einem der romantischsten Küstenabschnitte Italiens. Das Hotel liegt mit einer traumhaften Aussicht über dem Meer. Ein großer Park umgibt das Haus, das an einem großen Platz im Zentrum von Ravello liegt. Die Küche ist sehr gut, bietet viele italienische Spezialitäten.

Anreise: A 3, Ausfahrt Angri oder Salerno, S 163 Richtung Amalfi, Ausfahrt Ravello

Hotel Cappuccini Convento ****

I - 84011 Amalfi (Salerno)
Tel. 089/87 18 77 - Fax 89 87 18 86
Telex 770134

• Ganzes Jahr geöffnet • 51 Zimmer mit Telefon, Bad, WC •
Zimmerpreis: L 67 500/80 000 mit Frühstück, Halbpension:
L 110 000/130 000, Vollpension: L 125 000/160 000 (Min. 3
Tage) • Kreditkarten: Diners Club, American Express, Visa,
Mastercard, Eurocard, Access • Hunde erlaubt, Badestrand

Ein altes Gebäude aus dem 12. Jahrhundert, in den Felsen
an der für Amalfi typischen Steilküste gelegen, mit einer von
Orangenbäumen überdachten und von Säulen begrenzten
Terrasse. Dominiert den Ort Amalfi mit einer für fast alle
Häuser dieser Gegend typischen, einzigartigen Aussicht auf
das Meer. Ist schon die ganze Küste von Amalfi von beson-
derer Atmosphäre und viel Romantik geprägt, so verkörpert
dieses Hotel all diese Reize in sich. Erstklassige Küche.
Sehr ruhige Halle, in der man sich an heißen Tagen im
Schatten entspannen kann.

Anreise: Autobahn A3, Ausfahrt Angri oder Salerno, S 163
Richtung Amalfi

Hotel Luna Convento ****

I - 84011 Amalfi (Salerno)
Tel. 089/871 002/871 050
Telex 770161

• Ganzes Jahr geöffnet • 48 Zimmer mit Telefon, Bad, WC •
Zimmerpreis: L 208 000 (Einzel), L 274 000 (Doppel), Früh-
stück: L 180 000, Halbpension: L 110 000/140 000, Vollpen-
sion: L 130 000/160 000 (Min. 3 Tage) • Kreditkarten: Visa,
Carta Si, Diners Club, American Express • Pool, Bade-
strand, Parking

In diesem alten Haus aus dem 13. Jahrhundert haben bereits Richard Wagner und Hendrik Ibsen gewohnt. Voll Geschichte und Tradition, gleichzeitig aber ein sehr romantisches Hotel mit einem Innenhof und einem byzantinischen
Säulengang. Verlangen Sie unbedingt ein Zimmer, das nicht
zur Straße geht, um ruhig schlafen zu können. Swimmingpool und Privatstrand unterhalb der Felsen. Ein gutgeführter
Familienbetrieb.

Anreise: Autobahn A3, Ausfahrt Salerno, S 163 Richtung
Amalfi

Hotel Santa Caterina *****

I - 84011 Amalfi (Salerno)
Tel. 089/87 10 12 - Fax 89 87 13 51
Telex 770093

• Ganzes Jahr geöffnet • 70 Zimmer mit Telefon, Bad, WC, Fernseher, Minibar • Zimmerpreis: L 180 000/340 000 (Doppel), L 450 000/550 000 (Suite) mit Frühstück • Kreditkarten: American Express, Diners Club, Visa, Mastercard • Pool, Badestrand

Halle mit Terracottaböden, Säulen und Rundgewölbe. Dieses Haus ist seit vier Generationen im Besitz der selben Familie, die sich mit viel Charme und Aufmerksamkeit ihren Gästen widmet. Antike Inneneinrichtung und überall frische Früchte prägen das Ambiente auf den Zimmern. Auffallend moderne und gut ausgestattete Badezimmer. Ein großer Vorteil an dieser felsigen Steilküste: Man fährt mit einem Lift direkt bis zum Swimmingpool (Meerwasser) und zum Strand. Im Garten, im Haus, überall der Duft von Orangen- und Zitronenbäumen.

Anreise: 62 km von Napoli

Europa Palace Hotel ****

**Isola di Capri
I - 80071 Anacapri (Napoli)
Tel. 081/837 09 55
Telex 710397**

• Geöffnet vom 10. April bis 25. Oktober • 100 Zimmer mit Telefon, Bad, WC • Zimmerpreis: L 155 000/180 000 (Einzel), L 240 000/270 000 (Doppel), L 540 000/590 000 (mit Privatpool) mit Frühstück, Halbpension: L 155 000/215 000 • Kreditkarten: Diners Club, Eurocard, Visa, American Express • Pool, Privatbus nach Capri

Ein moderner Bau, der von grünen Bäumen und großen Palmen umrahmt wird, mit einem riesigen Swimmingpool. Sehr angenehme Gäste und ein perfekter Service. Schöner und gepflegter Garten mit viel Grün und einem kleinen Springbrunnen. Zu Mittag wird ein Buffet im Freien serviert, Abendessen auf der Terrasse.

Anreise: Transport mit Privatbus vom Busparkplatz Capri

Hotel Luna ****

Via Atteotti 3
Isola di Capri
I - 80073 Capri (Napoli)
Tel. 081/837 04 33 - Telex 721247

• *Geöffnet vom 10. April bis 31. Oktober • 47 Zimmer mit Telefon, Bad, WC • Zimmerpreis: L 120 000/200 000 (Vor-Nachsaison), L 150 000/250 000 (Hochsaison), Frühstück: L 18 000, Halbpension: L 120 000/190 000, Vollpension: L 150 000/220 000 • Kreditkarten: American Express, Diners Club, Visa, Eurocard, Mastercard, Carta Si • Pool*

Wunderschönes, großes Schwimmbad in herrlicher Lage. Liegt nur wenige 100 m vom Zentrum Capris entfernt, trotzdem aber absolute Ruhelage. Der Garten ist groß und mit üppigen immer blühenden Pflanzen dekoriert.

Anreise: Überfahrten von Sorrento (kürzer und weniger überfüllt) oder von Napoli

Pensione Quattro Stagioni *

**Isola di Capri
I - 80073 Marina Piccola (Napoli)
Tel. 081/837 00 41**

• Geöffnet vom 15. März bis 31. Oktober • 12 Zimmer (6 mit Bad, 4 mit WC) • Zimmerpreis: L 50 000/60 000 (Doppel), Frühstück: L 13 000, Halbpension: L 70 000/72 000 • Kreditkarten: Visa

Ein privat geführter Familienbetrieb. Die charmanten Eigentümer prägen die gemütliche Atmosphäre und bemühen sich um ihre Gäste mit viel Hingabe. Wunderschöner Garten und eine Terrasse über dem Meer. Vernünftige Preise und sehr gute Küche.

Anreise: 5 Minuten von der Piazzetta

Villa Brunella ****

Via Tragara 24
Isola di Capri
I - 80073 Capri (Napoli)
Tel. 081/837 01 22 - Telex 721451

• Geöffnet vom 19. März bis 6. November • 18 Zimmer mit Telefon, Bad, WC • Zimmerpreis: L 90 000 (Einzel) mit Frühstück, Halbpension: L 127 000, Vollpension: L 164 000 • Kreditkarten: Visa • Pool

Wildromantisch verwachsener Garten mit einem großen Swimmingpool. Das weißgestrichene Haus bietet eine einmalige Fernsicht auf eine malerische Landschaft auf das Meer und die Berge der Steilküste. Die Terrasse wurde so konstruiert, daß man von dieser Aussicht ständig profitiert. Die Zimmer bieten allen Komfort und leben ebenfalls von der enormen Aussicht. Ein privater Familienbetrieb.

Anreise: Von der Piazzetta die Straße Richtung Tiberio nehmen, via Cmerelle und via Tragara

Hotel Villa Sarah ***

**Via Tiberio 3a
Isola di Capri
I - 80073 Capri (Napoli)
Tel. 081/837 78 17**

• Geöffnet vom 1. April bis 31. Oktober • 20 Zimmer mit Telefon, Bad, WC • Zimmerpreis: L 70 000/80 000 (Einzel), L 120 000/140 000 (Doppel) mit Frühstück • Kreditkarten: American Express

Dieses strahlendweiße Haus wurde von einem englischen Lord mitten in die Weinberge gebaut und liegt direkt über der Bucht von Capri. Sehr angenehme und ausgesuchte Gäste, fast privates Ambiente. Das Frühstück wird auf der Terrasse serviert. Es gibt fruchtige, frische Fruchtsäfte, täglich frischgeerntetes Obst.

Anreise: Via Tiberio von der Piazzetta

Casa Garibaldi *

Isola d'Ischia
I - 80070 Sant'Angelo (Napoli)
Tel. 081/99 94 20

• Geöffnet eine Woche vor Ostern bis Ende Oktober • 15 Zimmer mit Bad, WC • Zimmerpreis: L 38 000 (Einzel), L 65 000 (Doppel) mit Frühstück • Hunde erlaubt, Thermalbad

Liegt direkt am Strand von Sant'Angelo, einem kleinen, malerischen Fischerdorf. Verfügt über einen Swimmingpool mit warmem Thermalwasser, das zur Entspannung einlädt. Kein Restaurant. Es gibt allerdings eine große Küche, in der man selbst kochen kann, was man will und wann immer man möchte. Ideal für den einfachen und ungezwungenen Urlaub. Die Preise sind entsprechend angenehm.

Anreise: S 270, Ausfahrt Sant'Angelo (zwischen Panza und Serrara Fontana)

Hotel Bellevue Syrene

Piazza della Vittoria 5
I - 80067 Sorrento (Napoli)
Tel. 081/878 10 24

• Ganzes Jahr geöffnet • 50 Zimmer mit Telefon, Bad, WC •
Zimmerpreis: L 60 000 (Einzel), L 89 000 (Doppel), Früh-
stück: L 9 000 • Kreditkarten: Diners Club, Visa, Master-
card, Eurocard • Hunde erlaubt, Badestrand

Ein elegantes Grand Hotel, das trotz aller Eleganz nicht die
in diesen Häusern sonst übliche Steifheit, sondern in erster
Linie Romantik ausstrahlt. Von der Terrasse aus genießt
man eine phantastische Fernsicht auf das Meer. Liegt auf
einem Felsvorsprung mit einem alten Park. Den Privatstrand erreicht man mit einem eigenen Aufzug, der nur Gästen zur Verfügung steht. Die vielen Säulen und Statuen auf
der Terrasse und im Park erinnern an antike römische
Architektur. Verlangen Sie unbedingt eines der wenigen
Zimmer mit Balkon und Sicht auf das Meer.

Anreise: 48 km von Napoli

Hotel Della Baia ****

**I - 81030 Baia Domizia (Caserta)
Tel. 0823/71 13 44**

• Geöffnet vom 19. Mai bis 23. September • 56 Zimmer mit Telefon, WC, (19 mit Bad) • Zimmerpreis: L 45 000/60 000, Frühstück: L 12 000, Halbpension: L 85 000/105 000, Vollpension: L 92 000/112 000 (Min. 3 Tage) • Kreditkarten: American Express, Visa, Diners Club, Eurocard • Hunde erlaubt, Tennisplatz (zahlend)

Moderne Halle mit Terracottaboden, offenem Kamin und hochmodernen Sitzmöbeln. Trotzdem ein besonders gemütliches Hotel, das direkt an den Sandstrand grenzt und eine hervorragende italienische Küche (mehrfach ausgezeichnet) beherbergt. Erstklassiger und diskreter Service.

Anreise: 54 km von Caserta, 67 km von Napoli, Autobahn A2, Ausfahrt Cassino, S 630 Richtung Formia, S 7 Ausfahrt Baia Domizia

Hotel Capo La Gala ****

**Via L. Serio 7
I - 80069 Vico Equense
Tel. 081/879 82 78**

• Geöffnet von April bis Oktober • 18 Zimmer mit Telefon, Bad, WC • Zimmerpreis: L 140 000/160 000, Frühstück: L 20 000, Halbpension: L 145 000, Vollpension: L 195 000 • Kreditkarten: American Express, Visa • Hunde erlaubt, Pool, Sauna

Das Capo la Gala besteht aus mehreren Terrassen und vielen kleinen Treppen, die sich perfekt in die Landschaft einfügen. Die Kapazität an Zimmern ist beschränkt, die Ausstattung ist immer dieselbe. Alle Zimmer haben Balkon und bieten Blick auf das Meer. Der eigene Strand ist ausschließlich Felsküste mit einer großzügigen, sich über die gesamte Länge des Strandes erstreckenden Terrasse mit Swimmingpool und Eisenleitern in das Meer.

Anreise: 39 km von Napoli, 9 km von Sorrento, A 3, Ausfahrt Castellammare, SS 145

Hotel Santavenere

Fiumicello di Santa Venere
I - 85046 Maratea (Potenza)
Tel. 0973/87 69 10 - Fax 973 87 69 85
Telex 812387

• Geöffnet von Juni bis September • 44 Zimmer mit Telefon, Bad, WC • Zimmerpreis: L 52 000/110 000 (Einzel), L 124 000/ 213 000 (Doppel) mit Frühstück • Kreditkarten: American Express, Diners Club, Visa • Hunde erlaubt, Pool, Tennis- platz, Badestrand

Sehr schön gelegen mit einer außergewöhnlichen Aussicht. Die Halle und das Restaurant sind mit riesigen Fenstern ausgestattet, so daß man den Panoramablick bereits beim Frühstück genießen kann. Die Farben sind in Pastell gehal- ten und geschmackvoll abgestimmt. Sehr ruhig mit einer schönen Terrasse, einem eigenen Privatstrand und einem extravaganten Swimmingpool, der sich direkt vor dem Haus Richtung Meer erstreckt.

Anreise: Autobahnausfahrt Lagonegro, SS 545 Valle del Noce oder SS 18 folgen

Hotel Villa Cheta Elite

I - 85041 Acquafredda di Maratea (Potenza)
Tel. 0973/87 81 34

• Geöffnet von April bis Oktober • 18 Zimmer mit Telefon, Bad, WC • Zimmerpreis: L 65 000/75 000 (Doppel), Frühstück: L 15 000, Halbpension: L 70 000/105 000, Vollpension: L 85 000/120 000 • Kreditkarten: American Express, Diners Club, Visa, Mastercard, Carta Si • Hunde erlaubt, Badestrand 200 m

Eine große Villa, die so gelegen ist, daß man das Meer überblickt. Während das Haus von außen und das gesamte Ambiente dem typischen Stil der Jahrhundertwende entsprechen, sind die Zimmer leider etwas moderner. Eine wunderschöne Terrasse mit großen Bäumen. Zum Strand sind es nur wenige Minuten. Viel persönlichen Charme erhält das Hotel durch das charmante Paar, das sich mit viel Hingabe um die Gäste kümmert.

Anreise: 208 km von Napoli, Autobahn Salerno/Reggio di Calabria, Ausfahrt Lagonegro, SS 545 Valle del Noce oder SS 18 folgen

Grand Hotel San Michele *****

I - 87022 Cetraro (Cosenza)
Tel. 0982/91 012 - Fax 982 91 430
Telex 800075

• Geöffnet von Dezember bis Oktober • 73 Zimmer mit Telefon, WC (50 mit Bad) • Zimmerpreis: L 60 000/100 000 (Einzel), Frühstück: L 15 000, Halbpension: L 124 000/200 000, Vollpension: L 130 000/210 000 (Min. 3 Tage) • Kreditkarten: American Express, Diners Club, Visa, Carta Si • Hunde erlaubt, Pool, Tennisplatz, Golfplatz, Badestrand

Ein wirklich „großes Hotel", das sich in einer alten, schloßähnlichen Villa mit einem fast 40 ha großen Park befindet. Völlige Ruhelage und somit ideal für Urlaub und Sportaktivitäten. Es gibt einen sehr schönen Swimmingpool, einen Tennis- und Golfplatz und einen privaten Strand, den man mit einem Aufzug erreicht. Die Zimmer sind sehr angenehm. Verlangen Sie ein Zimmer mit Terrasse und Blick auf das Meer.

Anreise: 55 km von Cosenza, Autobahn Salerno, Ausfahrt Lagonegro Nord, 6 km von Cetraro auf Autobahn SS 18

Grand Hotel Villa Igiea *****

Via Belmonte 43
I - 90142 Palermo
Tel. 091/54 37 44 - Fax 54 76 54
Telex 910092

• Ganzes Jahr geöffnet • 117 Zimmer mit Telefon, Bad, WC
• Zimmerpreis: L 240 000 (Einzel), L 370 000 (Doppel),
L 600 000 (Suite) mit Frühstück, Halbpension: L 490 000 -
590 000, Vollpension: L 637 000 - 767 000 • Kreditkarten
akzeptiert • Pool, Tennisplatz

Das „Grand Hotel Villa Igiea" ist ein großes Hotel der Jahr-
hundertwende, das mit seinem Swimmingpool und seinen
Gärten die ganze Bucht dominiert. Der ausgezeichnete Ser-
vice, sowie die schöne Aussicht von den Zimmern, die zum
Meer gelegen sind, machen den Aufenthalt in diesem 5-
Sterne-Hotel sehr angenehm.

Anreise: Via Ammiraglio Rizzo oder Via dei Cantieri, am
Meer

Hotel Carasco ***

Isole Eolie
I - 98055 Isola Lipari-Porto delle Genti (Messina)
Tel. 090/981 16 05
Telex 980095

• Geöffnet vom 13. April bis 3. Oktober • 89 Zimmer mit Te-
lefon, Bad oder Dusche, WC • Zimmerpreis: L 85 000/
150 000 mit Halbpension (obligatorisch), L 100 000/
165 000 mit Vollpension • Kreditkarten: Visa • Pool

Das „Hotel Carasco" ist ein modernes Hotel mit extravagan-
ter Architektur. Ein riesiger Swimmingpool geht direkt in den
Horizont des blauen Meerwassers über. Die Zimmer sind
gut, der Service angenehm. Verlangen Sie ein Zimmer mit
Terrasse und Sicht auf das Meer.

Anreise: Gleitboot von Milazzo oder Autofähre

Hotel La Sciara Residence ***

Isole Eolie
I - 98050 Isola Stromboli (Messina)
Tel. 090/98 60 05/98 61 21 - Fax 98 60 04

• Geöffnet vom 1. April bis 20./25. Oktober • 70 Zimmer mit Telefon, Bad, WC • Zimmerpreis: L 110 000/150 000 mit Halbpension, L 120 000/160 000 mit Vollpension (Min. 3 Tage) • Kreditkarten: American Express, Diners Club, Visa • Hunde erlaubt, Pool, Tennisplatz, Badestrand

Das „Hotel La Sciara Residence" liegt direkt am Meer auf vulkanischem Felsen. Die Vegetation rund um das Haus ist üppig und besonders schön. Rund um das Haupthaus gibt es mehrere alte, restaurierte, kleine Häuser, die mit eigener Küche und Bad ausgestattet sind. Sie wohnen hier sozusagen in Ihrem eigenen Haus mit allem Service eines normalen Hotels.

Anreise: Gleitboot oder Schiff von Milazzo und Neapel, Autos nicht erlaubt auf der Insel

Hotel Raya ****

Isole Eolie
I - 98050 Isola Panarea (Messina)
Tel. 090/98 30 13

• Geöffnet vom 1. April bis 15. Oktober • 39 Zimmer mit Bad, WC • Zimmerpreis: L 110 000/160 000 (Doppel) mit Halbpension • Kreditkarten: American Express, Visa, Eurocard, Mastercard • Hunde erlaubt

Das „Hotel Raya" besteht aus mehreren Bungalows, die alle mit Sicht und Terrasse auf das Meer viel offene Natur bieten. Ein modisches In-Hotel, das auf den ersten Blick fast wie ein Club wirkt.

Anreise: Gleitboot von Milazzo und Neapel, Autos nicht erlaubt auf der Insel

Villa Orchidea *

Isole Eolie
I - 98050 Isola Salina-Malfa (Messina)
Tel. 090/984 40 79

• Ganzes Jahr geöffnet • 18 Zimmer mit Telefon (11 mit Dusche, WC) • Zimmerpreis: L 64 000, Frühstück: L 12 000, Halbpension: L 82 000, Vollpension: L 104 000 • Kreditkarten: American Express, Visa

Die „Villa Orchidea" ist ein kleines, einfaches Hotel mit viel Charme und Atmosphäre. Die Zimmer sind sauber, wenn auch einfach.

Anreise: Gleitboot oder Schiff von Milazzo und Neapel

Hotel Villa Sant'Andrea ****

Via Nazionale 137
I - 98030 Mazzaro-Taormina (Messina)
Tel. 0942/23 12 56 - Telex 98007

• Geöffnet von April bis Oktober • 68 Zimmer mit Telefon, Bad, WC • Zimmerpreis: L 160 000 (Doppel), Frühstück: L 20 000, Halbpension: L 163 000/175 000, Vollpension: L 208 000/230 000 • Kreditkarten: American Express, Diners Club, Visa, Eurocard, Mastercard • Badestrand

Ein sehr ruhiges und angenehmes Hotel, das direkt am Meer liegt. Die „Villa Sant'Andrea" verfügt über einen Privatstrand, und eine große Terrasse mit wunderschönem Ausblick auf das Meer. Ideal für den Entspannungs- und Meerurlaub.

Anreise: 55 km von Messina, 5 km von Taormina

San Domenico Palace Hotel *****

**Piazza San Domenico 5
I - 96039 Taormina (Messina)
Tel. 0942/23 701 - Telex 980013**

• Ganzes Jahr geöffnet • 37 Zimmer mit Telefon, Bad, WC, Fernseher • Zimmerpreis: L 370 000/425 000 (Doppel), Halbpension: L 240 000/270 000, Vollpension: L 300 000/ 330 000 • Kreditkarten akzeptiert • Hunde erlaubt, Pool

Das „San Domenico Palace Hotel" ist für uns das romantischste und schönste Hotel Siziliens. Ein wunderschöner, gepflegter Garten mit vielen blühenden Pflanzen und Palmenbäumen. Ein altes Haus mit viel Klasse und Romantik. Ein unbedingtes Muß für alle, die es sich leisten wollen.

Anreise: In der Nähe des Belvedere der Via Roma

Hotel Villa Belvedere ***

Via Bagnoli Croci 79
I - 98039 Taormina
Tel. 0942/237 91

• Geöffnet von April bis Oktober • 42 Zimmer mit Telefon, Bad oder Dusche, WC • Zimmerpreis: L 112 000/132 000 mit Frühstück • Kreditkarten: Visa, Eurocard, Carta Si, Access, Mastercard • Hunde erlaubt, Pool

Das „Hotel Villa Belvedere" liegt in Hanglage mit sehr schönem Blick auf das Meer. Das „Belvedere" wirkt wie die gemütliche Ausführung eines Grand Hotel mit viel Charme und einfachem Komfort. Der Service ist erstklassig und sehr persönlich. Es gibt kein Restaurant. Diese findet man im Ort in nächster Umgebung.

Anreise: In der Nähe vom öffentlichen Park